〈子ども学〉論集

論集

Children Studies collection

石黒万里子・青木研作・近藤清華
〈編著〉

塙和明・永井聖二・富山尚子・那須野三津子
朝比奈朋子・杉野緑・長野麻子・藤田寿伸
〈著〉

学文社

まえがき

　本書のタイトルの『〈子ども学〉論集』で思い出すことがあったので綴ってみたい。古い話で恐縮であるが，筆者が入学した大学は当時の国立大学では珍しい新構想大学であった。広大な敷地に眩い学棟が建設され旧来型の大学の様相から乖離した代物であった。「学部」に代わり「学類」という名称がつけられ，筆者も「人間学類」に入学した。幾多の講義の中で「人間学」は学際的（interdisciplinary）な研究の集合体であって人間についてさまざまな研究者が各々の領域から人間を考察しながら学問として体系づけていくというものであった。若かった筆者にとって非常に魅力のある学問だと感じた記憶がある。

　考えてみると，「子ども学」というものもそうした研究体系の延長線上にあるものではないかと思う。昨今，子どもに関する話題は尽きることがないが，子どもという研究対象を各々の学問領域をもつ学者がさまざまな知見を通して俯瞰的，包括的に概観し，体系づけていく手法に変わりはない。

　本学部の教員はそれぞれの学会や研究成果で卓越した才を発揮している者たちで，これは筆者の誇るところである。さらに本書の主たる対象読者が大学に入学し数年しか経過していない初学者諸氏ということで，わかりやすい記述でという無理な要求にも快くこたえてくれた頼もしくも魅力ある面々である。彼らが自らの研究の立場から子どもについて論じ，まとめ上げたのが本書である。

　本書はあえて，入門書や，教科書といった子ども学を概説するテキストとしては編纂しておらず，論文というものにまだ親しんでいない初学者に，研究としての「子ども学」に触れてもらう機会になればと，論集という形をとっている。

　まず序章では，「子ども学」という比較的新しい学問領域の特徴と課題について概観する。第1部では，画一的にとらえることのできない多様な「子ども」や「家族」の姿を見渡している。第2部では，子どもを取り巻く具体的な環境である絵本，遊具，教科書をとりあげ，その重要性について確認する。第3部では海

外に目を向け，日本とは異なる社会環境で子どもの育ちを保障する学校制度がどのように形作られているのかを検討する。本書を通して，初学者である学生諸氏が，子ども学について研究するための多角的な視点やさまざまなアプローチに触れ，自身の問題関心と向き合うための示唆を得ることをねらいとして構成している。

　最後になるが，本書の出版に際して，学文社の皆様には大変お世話になった。特に編集部落合絵理氏からは書名選定や章立て等，微細で適切なご助言も頂戴しながら発行に至ることができた。末筆ではあるが書面をお借りして厚く御礼を申し上げる次第である。

2023 年 9 月

塙　和明

目　次

第 1 部　さまざまな子ども・さまざまな家族

第2部　子どもの発達を促すさまざまな働きかけ

〈子ども学〉
論集

Children Studies collection

転換期の社会における子ども研究

永井聖二

はじめに

　今日のわが国における子どもと子どもを取り巻く環境についての研究はどうあるべきなのか。結論を先にいえば，学際的なアプローチによる総合性と，政策科学的な課題にも資することができる実践性が求められる。ここで実践性というのは，単に教育や保育の現場での実践にとどまるものではなく，変動する社会のなかで，近代社会型の子どもを取り巻く制度をいかに再構築し，子どもや子育ての支援にどう貢献するか，という課題に応えることを意味する。

　わが国において 1980 年代以降，子ども学への関心が高まったのは，この時期からさまざまな子どもの「病理」が「問題」として意識され，危機感を込めて論議されるようになったことを背景としている。また，この時期になると方法論に特徴をもつ既成の科学が，社会の変化や高等教育の大衆化に対応しえないことが次第に明らかになり，国際，情報，人間，さらには子どもといった既成の科学には対応しない新しい学問の分野が求められるようになったことも，その背景である。1970 年代の後半から，これらの分野の名を冠する，学部での教育と研究の関係が組織としては明瞭でないアメリカ型の大学をモデルとした学部がわが国に多く設置されるようになったのは，もちろん大学経営上の戦略によるものでもあるが，基本的にはそれが理由である。

　そこで以下では，子ども研究，子ども学とそれを取り巻く社会的背景について整理していきながら，今日の子ども研究，子ども学のあり方について，いくつか

の課題を指摘したい。

第1節　社会変動と子ども研究

　社会学が,「社会はいかにして成り立つか」を明らかにしようとする科学だと
するならば, 子どもの社会化 (socialization) の問題は, その中心的な命題であっ
たといえるだろうし, 事実, デュルケム (Durkheim, É.) 以来, 社会や文化とのか
かわりからこの問題が論じられてきた。直接にこのテーマにかかわる著作として
も, 1940 年代末にはボッサード (Bossard, J. H. S.) による『子どもの発達社会学』
と題する先駆的研究があるから, この問題がごく最近になって関心を集めている
ということではない (Bossard, 1948)。しかし, これらはどちらかというと比較
的安定した社会における子どもの社会化の問題を明らかにしようとした研究であっ
て, 社会変動を強く意識した研究は, 1960 年代以降を待たねばならなかった。
　社会構造と子どものかかわりについての研究的関心を刺激したという点では,
やはりアリエス (Ariès, P.) の『〈子供〉の誕生─アンシャン・レジーム期の子供
と家族生活』(原著 1960, 邦訳 1980) が無視できないものであろう (アリエス,
1980)。アリエスによれば, 中世ヨーロッパには「子ども」という概念はなく,
乳幼児期をすぎた人間は「小さな大人」として扱われていたという。周知のよう
に, 今日ではアリエスが根拠とした資料については批判があり, 実証的な歴史学
ではポロック (Pollok. L.A.) の『忘れられた子どもたち』のようなアリエスの主
張を否定する研究が支持を集めている (ポロク, 1988)。しかし, 大人と子どもを
社会的に区別し, 子ども期を保護されるべきものとする一方, 反面で子どもを大
人に従属する存在とする近代社会型の子ども観が, 超歴史的, つまりどの時代に
も存在するものではなく, 近代社会型のものであることを主張して社会構造と子
どもの生活や子どもへのまなざしの変化という物語りの枠組みを提示したことは,
その後の子ども研究, とくに子どもを取り巻く社会の転換期における子ども研究
を喚起する大きな刺激になったことは確かであろう。
　また, 1960 年代後半以降, 女性やマイノリティーの解放運動が活発になり,

子どもの解放が唱えられるようになった結果，こうした運動に刺激を受けた研究がすすめられたという事情もこの時期の子ども研究の動向の背景として指摘される。子ども期を「大人との関係において社会構造に位置付けられた関係的存在」ととらえたアムバート（Ambert, A.M.）の研究は，こうした研究的関心を示すものであるが，それは変動の著しい今日の社会の子ども研究の枠組みを示唆するものといえるだろう（Ambert, 1986）。

　一方，こうした研究の流れのなかで，1970年代後半から1980年代になると，わが国においては研究の対象としての子どもの変化が大きな問題とされるようになり，子どもをめぐるさまざまな「病理」が問題視され，学校の機能障害にかかわる問題が相次いで指摘されるようになった。たとえば，わが国でいじめ問題が教育病理として扱われるようになったのは，1980年代のはじめからであった。こうした子どもの「問題行動」の指摘の背景としては，家族集団や地域社会の変容とともに，この時期においてわが国の社会の消費社会化が顕著になり，情報化の進展とともに従来の大人と子どもの関係が大きく変質していることがある。

　消費社会とは，「モノ」の消費が，それがもつ機能や効用といった「使用価値」を求めて行われるだけでなく，「モノ」の所有や消費を通して示される「付加価値」を求めて行われることが一般的な社会をいうのだが，この消費社会の進展のなかで，子どもたちは，ある意味では環境に適応し，消費者としての「小さな大人」としての性格を強める。そこで形成された消費社会的な子どもの文化は，直接の消費生活だけにとどまらず，消費生活に特徴的な文化を形成する。それは，もともと禁欲的，欲求延期的な原理をもつ近代社会型の学校の原理を脅かすことになるし，さらに情報化の進展は大人の子どもに対する優位性を突き崩し，大人と子どもの境界を不明瞭にする。消費社会化，情報化の進展のなかで形成された子どもたちの実像が近代社会型の子ども観と交錯するとき，そこに転換期の子どもの文化をめぐる「問題」が顕在化することになった。

　こうした状況のもとで，今私たちに求められるのは，時系列的な分析軸と比較文化的な子ども観の分析軸の交差する枠組みのもとで，新たな子ども観と子どもの文化の現状を見据え，大人たちが何をなすべきかという課題を検討することで

あるといえるだろう。

第2節　子どもをとりまく制度の再構築

　では，今日の子ども研究は，どうあるべきなのか。まず指摘したいのは，社会の転換期にありながらそれを顧慮することなく，個人の内面にのみ焦点をあてる教育言説と，結果としてそれに結びつく心理主義への過度な傾斜の問題である。

　たとえば，学校におけるいじめの問題についていうと，いじめの被害者と加害者への心理的なケアの必要性を否定するものではないが，この問題に対処するためには，子どもをとりまく制度自体のあり方をも検討する多様なアプローチが必要である。わが国におけるいじめには，仲間外れにするとかシカト（無視）するといった集団からの疎外，排除にかかわるものが多い。これに対してアメリカにおける bullying は，直接的な身体への暴力を意味する。では，日本のいじめは，なぜ集団からの排除を特徴とするのか。

　それを可能にするのは，日本の学校では常に集団との協調が求められ，朝から昼食，下校に至るすべての在校時間を友達と「仲よく」過ごすことを求められる状況である。幸いに仲よくできればよいが，そうでない状況が避けられないとき，日本の学校では共同体としての学級のあり方が強調されるあまり，柔軟な科目選択や学習集団の編制，あるいは一人で過ごすことができる仕組みは用意されていない。在校時間のすべてを同じ集団のなかで「仲よく」過ごすことが強調されればされるほど，仲間から排除するいじめのストラテジーは効果的なものになってしまう一面がある。

　心理主義への傾斜は，意図するか否かにかかわらず，結果として転換期に必要な制度の再構築から目をそらす機能があることに注意することは必要である。学齢による学級編成と学級集団を単位とする指導についても同様に，子どもをとりまく制度を自明視する言説の限界を指摘できるだろう。保育の現場で4歳児クラスと5歳児クラスの発達段階に相応しい指導の必要性が強調されるとするならば，4月生まれと翌年の3月生まれの子どもたちを集団としてまとめて指導することも，

当然再検討されるべきであろう。これらの例は，近代社会型であるとともに日本型の制度の問題といえる面もあるが，子どもをとりまく制度を自明，所与の条件として焦点から外し，そこから逸脱した者に対する心理的なケアを強調するいわゆる医療化（medicalization）といわれる特徴をもつ言説と，それを支える研究的視点は，結果として社会変動に対応した子ども支援の仕組みの再構築を阻害する機能を果たしていることは指摘せざるを得ない。

　現在私たちが当然のように受け入れている学校や保育現場のあり方は，世界のどの地域に住む人にとっても当然だというものではない。もちろん，日本的な学校や保育現場の伝統を守っていくことも，一概に否定されるべきものではない。しかし異なる体験や文化的背景をもった人々にとってはそれがなじめないものであったり，皆が同じように一斉に行動する様相が同調しがたいものでありうることを理解することも必要である。

第3節　学際的研究の必要性

　社会変動のもとで，スタティックな社会を前提とする研究に傾斜することなく，多様な視点が求められるということであるが，それは近年のわが国における子どもと子どもをとりまく大人の生活の変化，多様化と貧富の拡大といった状況のもとでさらに強調されねばならないだろう。

　いうまでもなく，子どもの存在を理解するためには多面的な接近が必要である。子ども学が，心理学，社会学，文化人類学など，さまざまな科学の方法論による個別の成果を前提としつつも，子ども学として領域を対象とする学問が成立すべきであるのは，それが理由である。とりわけ子どもの生活，養育環境の多様化が進展する今日の状況のもとでは，それぞれの方法論による諸科学の知見を総合し，より複合的なリアリティーの構成がめざされ，それが転換期の子どもとその周囲の大人の支援に貢献することが不可欠の課題になる。

　もちろん，実践性を志向するあまり方法的な緻密さが等閑にされることがあってはならないし，学際的な研究の必要性についてはすでにしばしば指摘されつつ

も，その具体的な成果は十分ではない。改めて指摘するまでもなく，パラダイムの違いを超えてそれを統合することは容易ではない。わが国の大学では現在，すでに「子ども学」研究科の博士課程の設置が実現しているが，そうした場で指導教員の専門を超えて総合された子ども研究，子ども学の成果が多く生まれることが期待される。

　住田正樹は，ハンデル（Handel, G.）編の『子どもの社会化』やリチャーズ（Richards, M.）とライト（Light, P.）による編著『子どもの社会的世界』などをあげて，諸科学の成果を総合することを提案している（住田，2014）。これらは子どもの発達を社会的な文脈との関連から理解しようとしたものであるが，個別科学における成果の統合への志向は，今日の状況のもとでの子ども研究がめざさなければならない課題である。心理学，社会学，教育学，文化人類学などの研究者に加えて，保育学や社会福祉学，さらには児童文化や児童文学などを主たる活動の関心とする研究者によっても，研究の交流がさらに活発にすすめられることが期待される。本書に収録されたさまざまな問題に関わる多様なアプローチは，今日の子ども学研究の一端をうかがい知るうえで，貴重な資料となろう。

【付記】
　本章は，永井（2018）を加筆修正したものである。

【参考文献】
Ambert, A.M.　1986　*Sociological Studies of Child Development.*
アリエス，P. 著，杉山光信・杉山恵美子訳　1980　『〈子供〉の誕生—アンシャン・レジーム期の子供と家族生活』みすず書房（原著，1960）
Bossard, J.H.S.　1948　*The Sociology of Child Development,* Harper & Row.
永井聖二　2018　「転換期の社会における子ども研究」白梅学園大学子ども学研究所「子ども学」編集委員会編『子ども学』第6号，12-15頁
ボロク，L.A. 著，中地克子訳　1988　『忘れられた子どもたち』勁草書房（原著，1983）
住田正樹　2014　『子ども社会学の現在—いじめ・問題行動・育児不安の構造』九州大学出版会

●読者へのメッセージ●

大学で学ぶということは，あたりまえだと考えていた（自明視していた）「常識」を，
もう一度「本当にそうか？」と問い直すことです。

第1部

さまざまな子ども・
さまざまな家族

第1章
特別な支援を必要とする人との関わりの影響

富山尚子

第1節　問　題

　2007（平成19）年4月から，「特別支援教育」が開始され，障害のある子どもが障害のない子どもとの交流および共同学習を通して相互理解を図ることは，地域社会の中で積極的に活動し，その一員として豊かに生きるうえで，極めて重要であるとされている。そして，「交流および共同学習」を実践することは，障害のある子どもたちの自立・社会参加のためのプログラムとして有意義であるばかりでなく，小・中学校等の子どもたちや地域の人たちが，障害のある子どもとその教育に対する正しい理解と認識を深めるための絶好の機会でもあると考えられている。

　交流および共同学習を通して，障害のない子どもに対して，障害のある子どもに対する正しい認識や好ましい態度を育成することは非常に重要な課題であり，効果的な教育のためには，障害のない子どもが障害のある子どもに対して実際にどのような理解や認識をもっているのか，どのような態度を形成しているのか，その態度を維持したり変化させたりする要因にはどのようなものがあるのか，どの時期にどのような交流を行うのが効果的なのか，などについて具体的に把握し，詳細な検討を行うことが必要である。そしてそのうえで，同じ社会に生きる一員として互いに助け合い支え合って活動していく態度を養っていくことが大切であろう。

1．特別な支援を必要とする人に対する態度の測定

　まず，障害のある人（子ども）に対する理解や認識，態度などの測定について，徳田・水野（2005）は，障害理解を構成する要素として，障害に関する正確な「知識」，それをもとにした適切な「認識」（知識をもとにした推測を含む），それらの認識から形成される「態度」（常に一定の方向性をもった行動の準備状態），態度の発現としての「行動」の4つを取り上げ，障害理解を測定するためにはこの4つのいずれかあるいはいくつかを測定することが重要であると述べている。

　そして，障害児・者に対する態度を測定する方法としては，徳田（1990）が作成した50項目からなる多次元的態度尺度がある。この尺度は，(1) 共に生きることへの拒否（否定的態度）：生活の全領域，特に職業，住居，娯楽などに関して障害者をどの程度拒否しているのかが示される，(2) 統合教育：障害児も地域の学校において充分教育することができるといった考え方で統合教育をどの程度受け入れているかが示される，(3) 特殊能力：障害者は一般の人がもっていない特殊能力を備えているという考えをどの程度もっているかが示される，(4) 依存的な自己中心性：障害者は自分の境遇に甘え，援助してもらうことを当然のことと思い，他人に対しては愛想が悪く自己中心的であるとする誤った認識をどの程度もっているかが示される，(5) 交流の場での当惑：いろいろな場で障害者にあった場合にどのように話しかけていいのか，また援助すべきかどうか迷うということが示される，の5つの次元についての10項目ずつの下位尺度から構成されており，それぞれの項目は7段階で評定される。徳田は，この尺度を使用した視覚障害児・者に対するさまざまな態度変容技法の効果についての研究を概観し，態度尺度の有効性を示し，「良い出会い」は，お互いの人間的な理解を深めることができ，好意的な態度を形成し，さらには援助行動の発現へとつながるとしている。また，楠・金森・今枝（2012）は，徳田の「障害児・者に対する多次元的態度尺度」から25項目を抽出し，最終的に「共同的な教育」「積極的対人関係」「障害に関する肯定的意識」「自発的交流性」「障害に関する知識」の5つの領域から構成される16項目からなる「児童生徒版障害者に対する多次元的態度尺度」を作成している。

２．特別な支援を必要とする人との接触経験の影響

　次に，実際にどのような接触経験が，障害のある人（子ども）に対する理解や態度に影響するのか，そして具体的にはどのような影響を及ぼすのかについて，たとえば，川間（1996）は，障害をもつ人に対する態度の構造についての研究および態度に影響する要因についての研究を概観する中で，好意的な態度変容に影響する接触は直接的かつ構造化されたものでなければならないことを強調している。そして町中やあるいはマスコミ等を通じて時たま障害をもつ人を見かけるといった間接的な接触だけでは不十分であり，ビデオの視聴よりも実際の障害をもつ人による講習会の方が効果的であることを指摘し，直接的かつ構造化された接触に加えて障害をもつ人に関する正確な知識を併せもつことが，態度を好転させるために最も効果的であるとしている。

　直接的な接触の効果に関しては，山内（1984）が行った小学校と盲学校の交流場面での交流頻度が多いクラスの児童と少ないクラスの児童との盲児に対する対人的態度の変容についての比較検討の中で，接触頻度が高い交流の方が，態度の好転が顕著であり，低学年ほどこの効果が顕著であることが指摘されている。一方，高学年は低学年に比べて交流前に接触経験を持つ者が多かったにもかかわらず，交流前の盲児に対するイメージは低学年のそれよりも必ずしもポジティブではなかったが，その高学年のイメージも実施された交流後にはポジティブに変容したことも示されている。つまり，小学校低学年の児童の障害児に対する態度は高学年のそれほど固定化していないと考えられるが，高学年のイメージも必ずしも固定的なものではなく，教育的配慮のもとに行われた対人的接触によって変容しうることが示唆されている。また，遠藤・山口（1969）は，知的障害児との接触機会の多い健常児は，知的障害児に対して好意的な認知を行うことを示し，特に比較的客観的に得られる知的水準や感情的側面についての認知への影響を指摘している。

　また，どのような交流経験が影響するのかについては，普通児を対象として，精神薄弱児に対する普通児の態度と交流経験の関係を分析した木舩（1986）の研究で，養護学級の子どもとの日常交流経験および行事交流経験が，普通児の精神

薄弱児への受容的態度と有意な正の相関があることが示されている。また，精神薄弱児への好意的イメージ（能力や性格についてのイメージ，知識としての好意度）との関係では，日常・行事・教科のすべての交流経験において有意な正の関係がみられ，特に日常交流経験および教科交流経験に強い関係がみられたことも示されている。木舩は「好意的イメージを持つ者は，受容的な態度をもつ傾向がみられると言ってよいであろう」と考察する一方で，一口に態度と交流経験の関係といっても，態度の構成成分のどれを取り上げるかで関係が異なることも指摘している。また，稲垣・小西（2011）は，小学校1年生を対象として特別支援学級の友達に対する健常児の関わりについて検討し，障害のある子どもに対して積極的に関わろうとする子どもの実態や関わりをもちたがらない子どもの特徴について示している。稲垣らは，障害のある子どもとの関わりを促進するためには，障害のある子どもに対してポジティブな認識（「明るい」「楽しい」など）をもつことができるように交流を進めることが重要であることを示し，小学校1年生でも発達段階に応じたプログラムの開発や指導法を工夫することでピア・サポートが可能になること，同じ保育所出身で年下のきょうだいをもつ女児は特に障害児に対して積極的に関わりをもとうとする傾向があることも示している。さらに，渡辺・植中（2003）は，小学校6年生を中心とする小学校高学年の児童を対象に，障害児（者）への態度に及ぼす交流経験の影響について検討し，障害児（者）との交流経験が，受容的態度に肯定的な影響を与えること，交流経験の中で参加した児童が「楽しさ」を経験し，「学び」を強く意識した時にその効果が大きくなることを示している。

　さらに，事前の情報提供の影響について，大谷（2001）は，事前指導における障害児についての情報の提供と健常児の態度との関連について分析し，交流を予定している障害児に関する情報の提供は，健常児の障害児に対する態度の形成に好影響を与えることを示唆し，障害児に関する事前の情報提供は，健常児が障害児を受け入れようとする心構えをつくることに役立ち，好意度を高め，不安を少なくする可能性を示している。また，交流を行う中で，障害のない子どもに対して障害理解授業を行い，特別な支援を必要とする友達の実態を理解してもらうこ

とで，それまであまり関わろうとしなかった子どもたちの積極的な関わりが増加したり，保育園から一緒だった子どもたちに新たな知識の獲得や理解による態度の好転がみられたりしたという報告もある（毛見，2012）。

3．特別な支援を必要とする人との接触時期の影響

一方，交流時期の影響について，伊藤・田川（1967）は，心身障害児に対する社会人の態度に関する研究の中で，無知や理解度の乏しさからくる障害に対する偏見を指摘し，特殊学級のあった小・中学校を卒業した女子大生の方がそうでない女子大生よりも，障害に対する理解度や好意度が高いことを示している。また，渡辺・曽我（2002）は，身体・知的障害者との過去の活動経験および介護体験が，身体・知的障害者へのイメージおよび彼らへの受容的態度に影響していることを示している。そして，直接接触経験が身体障害者への感情・評価イメージを肯定的なものにするうえで効果的であること，知的障害者との協同的経験が，障害者への受容的態度に肯定的影響を及ぼすこと，影響力は直接接触経験，間接接触経験，存在の順に強いこと，などが指摘されている。さらに，渡邉・青山・稲冨（2016）は，障害児・者との接触経験の時期（保育所・幼稚園時代，小学校時代，中学校・高等学校時代，大学時代）および内容と，障害児・者に対する態度との関連について検討し，保育室や教室という同じ場で学ぶだけではなく，一緒に遊ぶなどの積極的な関わりが態度の変容と関連しており，この傾向は特に小学校時代に顕著であることを示している。

4．本研究の目的

これまで，多くの研究では，特別な支援を必要とする子どもと必要としない子どもの交流とその影響について，接触したその時の接触の内容や知識の内容，態度の変容などの観点から検討されてきているが，渡邉らのように接触時期や接触内容の違いと特別な支援を必要とする人（子ども）に対する態度の関連について，総合的かつより詳細に考えることも必要であると考えられる。そこで，本研究では，接触経験の時期を4つ（就学前期，小学校時代，中学校・高等学校時代，大学時

代）に分け，直接接触（学び・遊び）の経験と特別な支援を必要とする人（子ども）に対する態度との関連について検討していく。

第2節　方　法

１．調査対象

　東京都内の保育系大学2年生女子139名（平均年齢20歳1ヶ月）を対象に，調査を行った。なお，この調査の実施に関しては東京成徳大学子ども学部の研究倫理委員会の承認（K18-1）を得た。

２．調査時期および調査方法

　2017年10月に調査を実施した。授業時間内に調査用紙を配布し，その場で回収した。実施時間は約15分であった。

３．調査内容
(1) 特別な支援を必要とする人（子ども）との接触経験について

　渡邊・青山・稲冨（2016）が使用した，障害児・者との接触経験についての接触時期ごとの質問の中から，同じ場所での活動や学びについての質問を選択した。渡邊らは回答を「はい」「いいえ」の2択で求めていたが，本研究では，接触の程度による違いを検討するために，「非常にあてはまる」（5点）から「全くあてはまらない」（1点）の5段階で回答を求めた。

　なお，本研究では「特別支援教育」が，それまで特定の場所（盲聾・養護学校・特殊学級等）で行われてきた特殊教育から，特殊教育の対象の障害だけでなく，知的な遅れのない発達障害を含めて，特別な支援を必要とする幼児・児童・生徒の在籍するすべての学校において実施されるものへと転換した（中島，2018）ものであることから，質問項目では，「障害のある人（子ども）」ではなく「特別な支援を必要とする人（子ども）」という記述に変更した。

【質問例】

◎保育園や幼稚園の頃，日常的に特別な支援を必要とする子どもと同じ部屋で過ごしていましたか。

◎小学校の頃（中学校や高等学校の頃），日常的に特別な支援を必要とする子どもと同じ教室で学んでいましたか。

◎小学校の頃（中学校や高等学校の頃），授業や行事以外で特別な支援を必要とする子どもと遊んでいましたか。

◎大学に入って，部活動やサークル等で特別な支援を必要とする人（子ども）と一緒に活動していますか。

(2) 特別な支援を必要とする人（子ども）に対する多次元的態度尺度

　本研究では，楠・金森・今枝 (2012) が，徳田 (1990) の尺度から選択した 25 項目の中から 23 項目を使用し，オリジナルの 2 項目（「特別な支援を必要としない子どもは，地域の学校で特別な支援を必要とする子どもと一緒に学ぶことで，多くの経験をすることが出来ると思う」「特別な支援を必要とする人が身近にいることは，必要なことだと思う」）を加えた 25 項目について，「非常にそう思う」(5 点) から「全くそう思わない」(1 点) の 5 段階での評定を求めた。なお，これらの項目についても，「障害のある人（子ども）」ではなく「特別な支援を必要とする人（子ども）」という記述に変更している。

第3節　結果と考察

1．特別な支援を必要とする人（子ども）との接触経験について

　図 1.1 は，特別な支援を必要とする人（子ども）との接触経験についての回答を，接触時期および接触内容別に示したものである。

　本研究の調査対象者は平均年齢 20 歳 1 ヶ月であり，2007（平成 19）年 4 月から開始された「特別支援教育」が，義務教育期間である小・中学校で，実施されている世代である。今回，小学校での接触経験，特に「同じ教室での学びの経験」

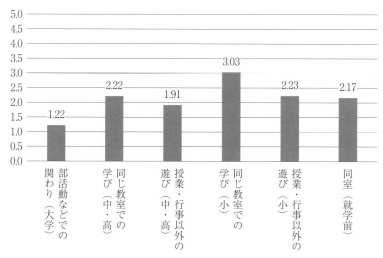

図 1.1 接触経験時期および接触内容別 特別な支援を必要とする人（子ども）との接触経験の程度

が最も豊富であることが示されたことには，この「特別支援教育」の実施の影響も考えられる。

2．特別な支援を必要とする人（子ども）に対する多次元的態度尺度

　特別な支援を必要とする人（子ども）に対する多次元的態度尺度の 25 項目について，因子分析（主因子法・Promax 回転）を行った結果，因子負荷量が 0.35 未満となった項目が 4 項目あり，それらを除いた 21 項目について再度因子分析（主因子法・Promax 回転）を行った結果，6 つの因子が抽出された。表 1.1 は，21 項目に対して行った因子分析の結果を示したものである。

> **因子分析**
> 　因子分析は，多変量解析のひとつの方法であり，5 段階の選択肢で回答する質問項目を使用するような研究論文の中では目にすることも多いと思います。たとえば，ここでは表 1.1 に示したような態度についての複数の質問項目について，潜在的な共通する部分を探索するために因子分析を利用しています。その結果，最

終的には 25 の質問項目を,「共生への積極性」「関わりへの積極性」などの 6 つの因子に要約することができ,さらに各因子についての得点を計算することで,各個人の特徴を比較することが可能になっています。

第 1 因子は,「特別な支援を必要とする人と積極的に交流したいと思う」に代表される 4 項目であった (α=.83)。これらの項目は,共に生きることへの積極的な意識に関わる項目であると考え,「共生への積極性」因子と命名した。第 2 因子は,「特別な支援を必要とする人と抵抗なく話すことができると思う」に代表される 4 項目であった (α=.84)。これらの項目は,交流することへの積極的な意識に関わる項目であると考え,「関わりへの積極性」因子と命名した。第 3 因子は,「特別な支援を必要とする子どもは地域の学校で教育するのが一番良いと思う」に代表される 4 項目であった (α=.85)。これらの項目は,統合教育を受け入れている程度に関わる項目と考え「統合教育」因子と命名した。

第 4 因子は,「特別な支援を必要とする人は,全ての面で劣っているわけではないと思う」に代表される 5 項目であった (α=.77)。これらの項目は,特別な支援を必要とする人と一般の人との能力の違いについての意識が示される項目であると考え「能力の非特殊性」因子と命名した。第 5 因子は,「特別な支援を必要とする人は,いつもきちんとしていると思う」などの 2 項目であった (α=.58)。これらの項目は,特別な支援を必要とする人についての肯定的な意識について言及する項目であると考え「障害に対する肯定的意識」因子と命名した。第 6 因子は,「特別な支援を必要とする人は,他人に対して親切であると思う」などの 2 項目であった (α=.70)。これらの項目は,特別な支援を必要とする人の持つ肯定的属性について認識する項目であると考え「肯定的属性認識」因子と命名した。

さらに,各質問項目に対する回答を,「非常にあてはまる」(5 点) から「全くあてはまらない」(1 点) の 5 段階で得点化し,これらの 6 つの因子について,それぞれに分類された項目の得点の合計を項目数で割ったものを,各因子の尺度得点とした。

表 1.1　特別な支援を必要とする人（子ども）に対する多次元的態度尺度の因子分析結果

	因子					
	共生への積極性	関わりへの積極性	統合教育	能力の非特殊性	障害に対する肯定的意識	肯定的属性認識
特別な支援を必要とする人と積極的に交流したいと思う。	.881	.051	.104	-.157	-.042	-.028
特別な支援を必要とする人と一緒に仕事がしてみたいと思う。	.875	-.075	-.031	-.116	.000	.058
特別な支援を必要とする人と，友達になりたいと思う。	.767	.130	-.107	.075	.192	-.129
特別な支援を必要とする人が身近にいることは，必要なことだと思う。	.390	.102	-.019	.238	-.012	.036
特別な支援を必要とする人と抵抗なく話すことができると思う。	.021	.907	-.037	-.002	.087	-.014
特別な支援を必要とする人にも気軽に声をかけられると思う。	-.016	.803	-.041	.013	.082	-.026
特別な支援を必要とする人が困っているときに迷わず援助することができると思う。	.054	.735	-.055	-.070	-.245	.144
特別な支援を必要とする人を自分たちの仲間に入れることに抵抗感がないと思う。	.271	.386	.210	-.042	.139	-.023
特別な支援を必要とする子どもは地域の学校で教育するのが一番良いと思う。	-.067	-.065	.915	-.121	.254	-.010
特別な支援を必要とする子どもは地域の学校で教育を受けることが望ましいと思う。	.045	-.117	.789	-.022	.212	.025
特別な支援を必要とする子どもは地域の学校に入ることで多くの経験ができると思う。	-.058	.037	.743	.141	-.284	-.022
特別な支援を必要とする子どもを地域の学校に入れると，お互いの理解が深まると思う。	.240	.154	.462	.132	-.231	.060
特別な支援を必要とする人は，全ての面で劣っているわけではないと思う。	-.187	.042	.102	.838	-.118	-.036
特別な支援を必要とする人は，超能力を持っているわけではないと思う。	-.394	.144	.000	.635	.213	-.006
特別な支援を必要とする人と，喜びや悲しみを分かち合うことができると思う。	.224	-.182	-.067	.630	-.029	.097
特別な支援を必要とする人でも，援助がなくてもできることはたくさんあると思う。	.292	-.115	-.080	.598	-.007	.077
特別な支援を必要とする人と，一緒に楽しく生活することができると思う。	.332	-.010	.040	.422	.237	-.131
特別な支援を必要とする人は，いつもきちんとしていると思う。	.138	-.062	-.004	-.013	.609	.206
特別な支援を必要とする人も，必要としない人も記憶力は同じであると思う。	.006	.016	.095	.032	.487	.023
特別な支援を必要とする人は，他人に対して親切であると思う。	-.010	-.007	.054	.085	.057	.745
特別な支援を必要とする人は，ひかえめで謙虚だと思う。	-.064	.113	-.038	-.008	.180	.689

3．特別な支援を必要とする人（子ども）との接触経験と特別な支援を必要とする人（子ども）に対する多次元的態度尺度の関連

　各時期の特別な支援を必要とする人（子ども）との接触経験（小および中・高については学び場面と遊び場面の接触経験）について，平均値が1点以下の人を「低群」，3点以上の人を「高群」，残りを「中群」とした。表1.2は，各時期の接触経験群ごとに，特別な支援を必要とする人（子ども）に対する多次元的態度尺度の各下位得点の平均値および標準偏差を示したものである。

表1.2　接触時期・内容および接触程度群ごとの特別な支援を必要とする人（子ども）に対する多次元的態度尺度の各下位得点の平均値および標準偏差

経験の時期	人数	群	特別な支援を必要とする人（子ども）に対する多次元的態度尺度											
			共生への積極性		関わりへの積極性		統合教育		能力の非特殊性		障害に対する肯定的意識		肯定的属性認識	
			平均値	標準偏差	平均値	標準偏差	平均値	標準偏差	平均値	標準偏差	平均値	標準偏差	平均値	標準偏差
大学経験	6	高	3.42	0.52	3.29	0.40	3.54	0.73	3.83	0.67	2.75	0.42	3.17	0.41
	12	中	3.08	0.42	3.29	0.70	3.63	0.57	3.92	0.43	3.17	0.49	3.58	0.56
	121	低	3.25	0.69	3.24	0.82	3.59	0.67	3.97	0.62	2.93	0.62	3.29	0.62
中・高学び経験	47	高	3.49	0.63	3.54	0.73	3.70	0.64	4.10	0.57	3.05	0.55	3.32	0.63
	25	中	3.27	0.43	3.24	0.61	3.63	0.57	3.84	0.59	3.06	0.51	3.40	0.48
	67	低	3.06	0.72	3.03	0.84	3.50	0.71	3.91	0.62	2.83	0.65	3.28	0.65
			高＞低		高＞低									
中・高遊び経験	35	高	3.55	0.61	3.64	0.76	3.79	0.59	4.03	0.59	3.11	0.49	3.34	0.53
	27	中	3.24	0.42	3.26	0.61	3.61	0.47	4.00	0.54	3.04	0.52	3.32	0.59
	77	低	3.11	0.72	3.06	0.81	3.50	0.74	3.92	0.63	2.84	0.66	3.30	0.66
			高＞低		高＞低		高＞低(傾向差)				高＞低(傾向差)			
小学校学び経験	78	高	3.33	0.68	3.37	0.77	3.69	0.70	4.07	0.58	2.91	0.58	3.35	0.59
	26	中	3.31	0.45	3.30	0.64	3.62	0.44	3.82	0.53	3.08	0.52	3.33	0.53
	35	低	3.00	0.73	2.93	0.88	3.36	0.66	3.82	0.67	2.93	0.70	3.23	0.72
			高＞低		高＞低		高＞低							
小学校遊び経験	46	高	3.52	0.64	3.65	0.67	3.82	0.60	4.07	0.50	3.05	0.54	3.40	0.51
	26	中	3.31	0.48	3.10	0.61	3.63	0.54	3.88	0.48	3.14	0.36	3.37	0.63
	67	低	3.03	0.69	3.02	0.84	3.42	0.71	3.92	0.70	2.80	0.68	3.23	0.66
			高＞低		高＞中・低		高＞低				高＞低(傾向差)，中＞低			
就学前経験	52	高	3.38	0.71	3.33	0.84	3.69	0.61	3.96	0.62	2.98	0.55	3.29	0.50
	15	中	3.38	0.44	3.52	0.59	3.65	0.71	3.88	0.46	2.97	0.48	3.23	0.42
	72	低	3.12	0.66	3.12	0.78	3.51	0.69	3.98	0.62	2.92	0.66	3.35	0.72

時期ごとに，各得点について，接触経験の程度（3：高・中・低）を被験者間要因とする一要因の分散分析を行った。

> **分散分析**
> 　分散分析は，条件によって平均値に差が出るとしたらそれは，偶然ではない差であるといえるかどうかを統計的に判定する方法です。たとえば，表1.2をみると，「共生への積極性」の平均値は，小学校時期の学び接触経験の得点が高かった群では3.33，低かった群では3.00と差がみられますが，この差が偶然ではない差かどうかを分散分析で検討し，統計的に意味がある（有意な）差であることを示しています。

　就学前の時期では，「共生への積極性」については，接触経験の程度に有意な傾向がみられたが（F (2, 136) ＝2.59, p ＜.10），参考までに Bonferroni による多重比較（以降の多重比較はすべて Bonferroni による多重比較を実施，また有意傾向についても参考までに多重比較を実施）を行っても3群間に差はみとめられなかった。「関わりへの積極性」（F (2, 136) ＝2.08, n.s.），「統合教育」（F (2, 136) ＝1.15, n.s.），「能力の非特殊性」（F (2, 136) ＝0.18, n.s.），「障害に対する肯定的意識」（F (2, 136) ＝0.18, n.s.），「肯定的属性認識」（F (2, 136) ＝0.28, n.s.）については，いずれにおいても有意な差はみられなかった。
　小学校時期では，学び場面では，「共生への積極性」（F (2, 136) ＝3.25, p ＜.05），および「関わりへの積極性」（F (2, 136) ＝3.87, p ＜.05）において，接触経験の程度に有意な差がみられ，また，「統合教育」には有意な傾向がみられた（F (2, 136) ＝2.95, p ＜.10）。多重比較の結果，いずれも高群は低群よりも有意に得点が高かった。「能力の非特殊性」についても，有意な差がみられたが（F (2, 136) ＝3.15, p ＜.05），多重比較を行っても3群間に差はみとめられなかった。「障害に対する肯定的意識」（F (2, 136) ＝1.35, n.s.）および「肯定的属性認識」（F (2, 136) ＝2.35, n.s.）には，有意な差はみられなかった。一方，遊び場面では，「共生への積極性」（F (2, 136) ＝7.99, p ＜.001），「関わりへの積極性」（F (2, 136) ＝10.11, p ＜.001），「統合教育」（F (2, 136) ＝5.18, p ＜.01），および「障害に対する肯定的意識」

（F（2, 136）＝4.24, p＜.05）において，接触経験の程度に有意な差がみられた。多重比較の結果，「共生への積極性」と「統合教育」では，高群は低群よりも有意に得点が高く，「関わりへの積極性」では，高群は中群および低群よりも有意に得点が高かった。「障害に対する肯定的意識」では，中群と低群の間には有意な差がみとめられたが，高群と低群は傾向差であった。「能力の非特殊性」（F（2, 136）＝1.14, n.s.）および「肯定的属性認識」（F（2, 136）＝1.18, n.s.）には，有意な差はみられなかった。

　中学校・高等学校時期では，学び場面では，「共生への積極性」（F（2, 136）＝6.04, p＜.01），および「関わりへの積極性」（F（2, 136）＝6.06, p＜.01）において，接触経験の程度に有意な差がみられ，多重比較の結果，いずれも高群は低群よりも有意に得点が高かった。また，「障害に対する肯定的意識」には有意な傾向がみられたが（F（2, 136）＝2.54, p＜.10），多重比較を行っても3群間に差はみとめられなかった。「統合教育」（F（2, 136）＝1.23, n.s.），「能力の非特殊性」（F（2, 136）＝2.06, n.s.）および「肯定的属性認識」（F（2, 136）＝0.37, n.s.）には，有意な差はみられなかった。一方，遊び場面では，「共生への積極性」（F（2, 136）＝5.63, p＜.01），および「関わりへの積極性」（F（2, 136）＝6.87, p＜.001）において，接触経験の程度に有意な差がみられ，多重比較の結果，いずれも高群は低群よりも有意に得点が高かった。「統合教育」（F（2, 136）＝2.35, p＜.10），および「障害に対する肯定的意識」（F（2, 136）＝3.02, p＜.10）には傾向差がみられ，多重比較の結果，いずれも高群は低群よりも得点が高い傾向がみられた。「能力の非特殊性」（F（2, 136）＝0.45, n.s.）および「肯定的属性認識」（F（2, 136）＝0.06, n.s.）には，有意な差はみられなかった。

　大学時期では，「共生への積極性」（F（2, 136）＝0.55, n.s.），「関わりへの積極性」（F（2, 136）＝0.04, n.s.），「統合教育」（F（2, 136）＝0.03, n.s.），「能力の非特殊性」（F（2, 136）＝0.19, n.s.），「障害に対する肯定的意識」（F（2, 136）＝1.16, n.s.），「肯定的属性認識」（F（2, 136）＝1.41, n.s.）のすべてにおいて，接触経験の程度による有意な差はみられなかった。

　これらの結果から，積極的に特別な支援を必要とする人と共に生きること，特

別な支援を必要とする人と積極的に交流すること，については，小学校，中学校，高等学校の特別な支援を必要とする子どもとの接触経験が肯定的な影響を与えることが考えられた。また，統合教育を受け入れることについては，小学校の接触経験と中・高校生の時期の遊び接触経験の影響がみられたことから，学校生活初期の経験および遊び経験の重要性が推測された。さらに，「特別な支援を必要とする人も，必要としない人も記憶力は同じである」といった特別な支援を必要とする人についての肯定的な意識をもつことには，小学校および中・高校生の時期の遊び経験の影響のみがみとめられ，遊び場面での接触経験の重要性がうかがわれた。

第4節　まとめ

　本研究では，特別な支援を必要とする子どもと必要としない子どもの交流とその影響について検討するために，特別な支援を必要とする人（子ども）に対する多次元的態度の6つの下位尺度について，4つの時期（就学前期，小学校時代，中学校・高等学校時代，大学時代）の接触経験および接触内容の影響について検討した。

　就学前の時期の接触経験の，特別な支援を必要とする人（子ども）に対する現在の態度への影響は，本研究ではみられなかった。山内（1984）は，接触頻度が高い交流の方が態度の好転が顕著であり，小学校低学年ほどこの効果が顕著であるとする一方で，態度の変容は教育的配慮のもとに行われた対人的接触によっておこることも示唆している。今回は，「単純に特別な支援を必要とする子どもと同室にいた」かについての回答のみを求めたため，就学前時期の接触経験が，教育的配慮のもとに行われた接触であったかどうかの判断はできないが，小学校就学前の接触経験が肯定的な影響をもつためには，さらに何らかの要因が加わる必要があるのかもしれない。

　小学校時期の接触経験には，「共生への積極性」「関わりへの積極性」「統合教育」への肯定的な影響がみられた。また，「障害に対する肯定的意識」については，遊び場面での接触経験にのみ肯定的な影響がみられた。木舩（1986）は，態度と交流経験の関係といっても，態度の構成成分のどれを取り上げるかと交流経験の

内容によって関係が異なることを指摘しているが，本研究の結果も認識や態度の種類によって，より効果的な影響を与える接触内容が異なる可能性を示している。

　中学校・高等学校時期の接触経験には，「共生への積極性」「関わりへの積極性」への肯定的な影響がみられた。また，「統合教育」「障害に対する肯定的意識」では，中学校・高等学校での遊び場面での接触経験にのみ肯定的な影響がみられた。これらの結果は，小学校の結果と同様に，認識や態度の種類によって，より効果的な影響を与える接触内容が異なる可能性を示すと同時に，接触時期の違いによる影響の可能性についても示唆している。小学校時期よりも中学校・高等学校時期の方が，より効果的に肯定的な影響を与える認識や態度があるとしたら，与えられた「知識」とそれに対する「認識」のために，そして「態度」の変容のためには，一定期間の教育が必要であるのかもしれない。

　大学時期の接触経験の影響も，本研究ではみられなかった。成長とともに特別な支援を必要とする人（子ども）に対する態度が固定化し，変化しにくくなるという可能性も考えらえるが，大学生時期の接触経験の影響についての研究そのものが他の時期についての研究よりも少ないため，大学生時期の接触経験の影響について判断するためには，さらなる詳細な検討が必要であると思われる。

　本研究の結果から，障害のある子どもが障害のない子どもと交流し一緒に学ぶことが，実際にどのような意識や認知，理解や態度に肯定的な影響を与えているのか，影響を与えると考えられる交流時期と交流内容は具体的にどのようなものなのかについての，詳細な結果を得ることができた。これらは「障害のある人と障害のない人が共に学ぶ」というインクルーシブ教育のための基礎的な資料となると考えられ，今後もさらなる具体的な交流の影響や効果的な実施について幅広い知見を得ていきたいと考えている。

【付記】
　本章は，富山（2019）の内容をもとに，新たな分析を加え，大幅に加筆・修正したものである。

【引用・参考文献】

遠藤真・山口洋史　1969　「精神薄弱児に対する態度の研究」『特殊教育学研究』7，19-28 頁

稲垣応顕・小西一博　2011　「特別支援学級の友達に対する健常児の対人的かかわり―小学校 1 年生を対象として―」『上越教育大学特別支援教育実践研究センター紀要』17，19-23 頁

伊藤隆二・田川元康　1967　「心身障害児に対する社会人の態度（偏見）に関する研究」『特殊教育学研究』5，1-13 頁

川間健之助　1996　「障害をもつ人に対する態度―研究の現状と課題―」『特殊教育学研究』34，59-68 頁

毛見千春　2012　「仲間と共に自分らしく生活し学ぶ子どもをめざして―交流教育と障害理解授業を通して―」『教育実践研究』22，273-278 頁

木舩憲幸　1986　「精神薄弱児に対する普通児の態度と交流経験との関係」『特殊教育学研究』24，11-19 頁

楠敬太・金森裕治・今枝史雄　2012　「障害理解教育の評価に関する研究―児童生徒版障害者に対する多次元的態度尺度の開発を通して―」『大阪教育大学紀要』61，59-66 頁

中島栄之介　2018　「特別支援教育におけるインクルーシブ教育システム構築について―インクルーシブ教育システム構築と合理的配慮の実際―」『奈良学園大学紀要』9，111-118 頁

大谷博俊　2001　「交流教育における知的障害児に対する健常児の態度形成―態度と事前指導における情報提供，交流経験，評価対象となる知的障害児の特定との関連性の検討―」『特殊教育学研究』39，17-24 頁

徳田克己　1990　「視覚障害児・者に対する一般の人の態度を改善するための技法とその評価」『視覚障害心理・教育研究』7，5-21 頁

徳田克己・水野智美（編著）　2005　『障害理解―心のバリアフリーの理論と実践』誠信書房

富山尚子　2019　「人間関係に関わる発達―特別な支援を必要とする人との関わりの影響―」『東京成徳大学子ども学部紀要』9，1-14 頁

渡辺弘純・曽我知子　2002　「大学生における障害者との過去の経験活動がその受容に及ぼす影響」『愛媛大学教育学部紀要　教育科学』49（1），43-57 頁

渡辺弘純・植中恵子　2003　「小学生の障害児（者）に対する態度に及ぼす交流経験の影響」『愛媛大学教育学部紀要　教育科学』49（2），15-30 頁

渡邉照美・青山芳文・稲冨まどか　2016　「障害児・者との接触経験の時期および内容と障害児・者に対する態度との関連について」『教職支援センター紀要（佛教大学）』7，11-28 頁

山内隆久　1984　「視覚障害児に対する態度の変容におよぼす対人的接触の効果」『教

育心理学研究』32，233-237 頁

─── ●推薦図書● ───────────────

**小宮あすか・布井雅人　2018　『Excel で今すぐはじめる心理統計─簡単ツール
HAD で基本を身につける』講談社**
　統計の理論的な説明はあまりありませんが，Microsoft Excel 上で動く無料の統
計ソフト（HAD）を使いながら，初心者でも具体的に分析をやってみることがで
きます。さらに理論的なことを理解したい方には，巻末のブックガイドに載っ
ている本もお薦めです。

═══ ●読者へのメッセージ● ═══════════════

数字や計算は苦手という人もいるかと思いますが，実は統計的な分析は，私たち
の身近で頻繁に行われています。たとえば，私たちが新しい薬を使うことができ
るのは，その効果が偶然ではなく，確かにその薬によって得られたものであると
統計的に証明されたからです。実験や調査によって得られたデータをみるときには，
その数値があらわす事実について，是非論理的に考えてみてください。

第2章

特別な支援を必要とする
外国ルーツの子どもの教育
—日本人学校における「特殊教育プログラム」
設置運動からの検討—

那須野三津子

第1節　異言語環境下で特別な支援を必要とする子どもへの教育

1．研究の背景と目的

　外国籍の子どもの不就学問題に取り組む外国人集住地域では，以前から，日本の公教育を行う通常学校や特別支援学校に就学している障害のある外国ルーツの子どもの教育の在り方について模索されてきた[1]（石井・那須野・柳本，2002；那須野・柳本・石井，2002；柳本・石井・那須野，2002）。近年，子どもやその保護者が理解できる言語での支援も広がっている。一例として，特定非営利活動法人在日ブラジル人を支援する会（SABJA，サビジャ）のように，ブラジル人心理士チームによる，オンラインおよび対面での相談等の取り組みもある。このSABJA（2023）のホームページには，「日本語を母語としない児童への知能検査の難しさ」や，「日本の教育システムに関する情報不足」の問題などが指摘されている。

　また，地域によっては，外国ルーツの子どもの就学先として，外国人学校も選択肢となっている。例えば，文部科学省が，外国籍の子どもの就学状況を把握するため初めて全国調査を行った結果報告書公開時には，参考資料として，6地域の教育委員会の事例が取り上げられ，その中で，外国人学校の問い合わせ先を掲載している事例もあった（文部科学省総合教育政策局男女共同参画共生社会学習・安全課，2020，pp.16-19）。ただし，この資料には，障害に応じた特別な支援を実施しているのかどうかの情報は見当たらなかった。

しかし，日本国外に目を向けると，受け入れ国にとっての外国人学校である日本人学校で，特別な支援を必要とする児童生徒の在籍が報告されている。日本人学校というのは，全日制の在外教育施設として文部科学大臣が認定した学校である。日本国内の小学校または中学校における教育と同等の教育を行うことを目的とし，教員確保や施設設備の面で日本政府から公的補助を受けている。特に，この日本人学校には，日本国内法で定められる教員数の約8割を目安に，日本政府から日本国内の国公立学校の教員が派遣される等，部分的には「公立学校」としての特質がある。

　言語・教育制度・文化的背景の違いから，共通項を見いだすことは簡単ではないが，異国の異言語環境下に置かれた日本人の障害のある子どもの教育で，外国にある日本人学校に求められたことは，日本国内在住の障害のある外国ルーツの子どもの教育に示唆を与えるものであると考えられる。例示すれば，アメリカ合衆国（以下，米国）には，日本人学校の中で，特殊学級（現，特別支援学級）開設のために，日本政府から初めて教員が派遣されたニューヨーク日本人学校がある。

　まず，米国では，那須野・柳本・徳田（2002, p.132）によると，1970年代には，障害のある外国人の子どもにも，無料で適切な公教育や，最小限度の制約における環境での教育と個別教育計画の作成が権利として認められるようになった。この特殊教育（Special Education の訳語）措置にあたっては，その決定に保護者が参加する機会や，その手続きの過程でネイティブ・ランゲージ（自然言語，第一言語や母語などと訳されることも有り）による保護者への通知が保障される。さらに，個別の評価に保護者の許可が求められ，個別教育計画における保護者の参加なども権利として定められている。

　次に，ニューヨーク州は，日本が2014年に制度化した日本語の能力に応じた特別の指導のための「特別な教育課程」の授業時数を検討する際に，外国のESL（English as a Second Language）授業時間数の参考資料として唯一取り上げられた州である（文部科学省初等中等教育局国際教育課，2012, p.17）。日本人を多く受け入れており，ESLの授業時間数をホームページにて公開しているという理由から参考例として選定されたこの州の学校区は，後述するカニングハム久子

（以下，カニングハム）が相談を受けていた学校区の一つでもあった。このような地域にあっても，日本人学校に，特別な支援を必要とする子どもの教育が求められた経緯は，異国で異言語環境下にある障害のある子どもの教育で求められることを検討するうえで参考になるといえよう。

　そこで，本研究では，ニューヨーク日本人学校における「特殊教育プログラム」設置運動の経緯から，外国人学校である日本人学校に求められたことは何であったかを明らかにすることを目的とする。

２．研究の方法

　本研究の目的を達成するために，2つの研究課題を設定し，これらの課題を解明するために，研究対象とする時期と，分析対象となる資料を選定した。

　用語の定義であるが，以下では，障害児教育と特殊教育の両方を用いている。まず，日本人学校の教育は日本政府の主権外での教育であるために，日本国内の行政用語と比べてより広い概念である「障害児教育」の表記を基本的に用いる。次に，日本国内法で規定されていた障害児教育と，米国の Special Education を意味する場合は「特殊教育」を用いる。さらに，日本人学校と日本学校などの表記が混在するが，当時の関係者の考えが読み取れるように，極力，一次資料の用語を使用する。また，本研究では，「障害のある子ども」の表記を基本的に用いるが，分析資料に記載がある場合は，障害児，障害生徒などの表記を用いることとする。

(1) 研究課題

　本研究では，カニングハムが主宰した自助組織のスピークの会（日本語名称：ニューヨーク臨床教育父母の会，英語名称：Services to Parents of Exceptional Asian Children，以下 SPEAC）に着目し，この請願運動で追求されたことを明らかにするために，次の2つの研究課題を設定した。

　第一の研究課題は，カニングハムが，日本人学校における「特殊教育プログラム」設置運動に関与することになった経緯を解明することである。このことは，

自助組織の SPEAC が請願運動を行うようになった経緯を解明することにもつながる。

　第二の研究課題は，SPEAC の請願運動前の日本人学校との会合内容を踏まえ，請願運動で追求されたことを解明することである。

(2) 研究対象の時期

　研究対象の時期について，その開始時期は，1972 年に設定した。この年は，カニングハムが，後に，障害のある日本人の子どもの相談を業務として受けるようになった研究所に勤めはじめた年であった。また，研究対象の終了時期は，上述の教員が派遣された1991 年度に設定した。ただし，前後の流れを踏まえる場合には，研究対象の時期の前後も分析に含めることとした。

(3) 分析資料

　公刊されている分析資料としては，カニングハム (2015b) の自叙伝 (以下，自叙伝) と，カニングハム (2015a) の 2015 年 10 月 18 日の公開講演会 (異国での子育てとニューヨーク日本学校「特殊学級」設置運動) の講演録 (以下，講演録) を主に

表 2.1　陳情書「ニューヨーク日本学校に特殊教育設置のお願い」ファイル内の資料

資料 no.	資料名等　　　　　　※〔　〕内は筆者による補足
1	請願書〔鑑文記載事項：請願趣旨，日付 (1988 年 12 月 7 日付)，紹介者，請願団体，代表者の氏名・住所・電話番号〕
2	請願書〔記載事項：請願の趣旨，請願の背景 (二次的症状，障害児教育費，過去の請願運動)，お願いの儀，日付 (1988 年 11 月 5 日付)，文責 (久子 Cunningham SPEAC 主宰)〕
3	請願書内容〔下記資料 4～9 の資料名掲載ページ〕
4	署名運動参加のお願い〔日本語版，英語版〕
5	現地関係者からの手紙
6	障害児を持つ日本人親達からの手紙
7	集まった署名
8	1983 年 7 月　ニューヨーク日本学校教育審議会に，特殊教育設置申し込みの経過と審議会の回答
9	Services to Parents of Exceptional Asian Children SPEAC (ニューヨーク臨床教育父母の会) について

注：表内の「ニューヨーク日本学校教育審議会」は，原文表記。

用いた。

　未公刊の分析資料としては，1988 年 12 月 7 日に文部省（現，文部科学省）に
SPEAC の代表としてカニングハムが提出した陳情書「ニューヨーク日本学校に
特殊教育設置のお願い」ファイルの写し[4]（以下，陳情書ファイル）を主に用いた。
表 2.1 は，この陳情書ファイルの資料構成を示したものである。

第 2 節　障害児教育専門家としての関与

1．障害児教育専門家としての地位の確立

　時は遡るが，自叙伝（pp.41-71）によれば，カニングハムは，25 歳を目前に労
働災害によって左下腿切断を受難した。この後，日本社会での障害者に対する不
当な扱いや生きづらさを感じたとある。ここで注目すべき点として，左下腿切断
を受難する以前に，彼女には米国留学を可能とする語学力と人脈があったこと，
中途障害を受難した際に心のよりどころとなった信仰などがあったことを指摘で
きる。

　渡米後，彼女が障害児教育専門家として地位を確立していったことも自叙伝
（pp.73-123）から読みとれる。要約すれば，留学先の大学院で特殊教育を専攻し，
盲学校や聾学校での勤務を経て，1972 年にニューヨーク医科大学精神遅滞研究
所の重複障害児教育部門の盲聾プログラム主任のポストを得た。後年組織名称や
ポスト名称の変更はあったものの，この研究所で 1996 年まで勤務した。

　ここで，彼女は，広範囲の専門家達とチームを組むことによって，近接分野に
分け入り，関連知識を修得することができたとある。専門知識のみならず関連知
識の修得が求められたこの研究所では，毎年の勤務評定と契約更新審査があり，
研究所が設立されてから 1996 年までの 23 年間に継続して勤務できたのは，カ
ニングハムと彼女の上司 1 名のみであった。このことから，彼女が，障害児教育
専門家として現地の専門機関で高く評価されていたことがわかる。

2．日本人の子どもに関する相談業務増と自助組織の発足

　自叙伝（pp.84，135）によると，彼女の専門分野は重複障害のあるルベラ（ラテン語で「風疹」）児童の支援であり，日本人を支援するために同研究所に採用されたのではなかった。しかし，彼女の第一言語が日本語であったために，日本人の子どもに関する相談に応ずることが求められるようになった。彼女は，同研究所に，1977年頃から現地学校教員達から障害のある日本人の子どもについての相談がなされるようになり，年を追うごとにその相談が頻繁になったと指摘している。

　SPEACの発足に関する資料（陳情書ファイル資料9）によると，1982年にSPEACを発足したきっかけの一つには，カニングハムに相談をした5歳児の母親からの「日本語で相談に乗ってくれる窓口があったら，どんなに助かることでしょう」という声があった。加えて，当時，カニングハムの勤務先所在地域への日本人家族の進出が著しかったこと，現地学校教員も日本人保護者達もさまざまな関連問題に悩んでいたこと，自分が手がけたケースも50件近かったことも発足経緯の中にあった。

3．日本人学校における「特殊教育プログラム」設置運動へ
(1) 自助組織の継続

　講演録（pp.71-73）をみると，自助組織のSPEACの活動が継続された前景には，少なくとも次の3点があった。

　第一に，日本人の子どもが増加し，発達障害児の数も増えてきたことがあった。カニングハムが，その当時に把握していただけでも100人を越えていたという。

　第二に，いずれ日本に帰国する日本人に対して財源や労力を割くことを否定する意見や，発達障害があるからこそ優位言語の日本語が必要であるという意見が，現地学校教員の見解にあった。

　第三に，日本語で教育が受けられるならそうしたいという意見が保護者にもあった。

　そもそも，このSPEACは，日本人学校に特殊教育プログラムを設置する運動

を行うために発足した会ではなかった。しかし，当会の目標（陳情書ファイル資料9）をみると，この運動につながる目標が含まれていたことを指摘できる。すなわち，「他の専門家達と共に児童が直面している問題解決を短期目標に，親の知識や認識を高めることを長期目標に据え」とある。会の目標として掲げた「児童が直面している問題解決」のためには，前述の運動が必要になったと解釈できる。

(2) 体験に裏づけられた専門性と当事者意識

　講演録（pp.80-81）を読むと，彼女は，「特殊教育プログラム」設置のための請願運動を行った理由を問われたときに，次のように応えている。

　自身の体験から，適正な介入があれば，子ども達それぞれが持っている潜在能力を最大限に引き出し，一社会人として機能できるような人材に育てることができる。ただし，社会に受け止める力がなければ，この子達が何のためにこの状態でこの世に生まれてきたのかということを本人あるいは保護者，セラピストも問うと話した。

　その他の理由として，彼女の気持ちの中に，自分が障害を負って体験した辛さを，子ども達にさせたくないという感情があったこと，他人のためであり自分のためであったことも分析している。また，請願運動は他人のために思い立ったものであったが，その過程も結果も，彼女の生きる力に貢献したとも述べている。

　単なる業務の延長としての活動ではなく，彼女が請願運動に関与した根底に，障害者の立場になって考える思考のあったことは，この後に述べる請願運動で，日米の教育制度の違いにかかわらず，障害のある子どもにとって必要なことを求め続ける原動力であったともいえる。

第3節　請願運動前の日本人学校関係者との会合

1．請願運動前における日本人学校関係者への要望

　1983年7月23日，カニングハムの自宅にて，「日本学校特殊児童受け入れに関するお願いと説明[5]」の会合が開催された。陳情書ファイル資料8によると，

表 2.2　「日本学校特殊児童受け入れに関するお願いと説明」の会合参加者

日本学校・補習授業校関係者 5 名	SPEAC 会員 10 名
・ニューヨーク総領事館領事 1 名 ・日本学校校長 1 名 ・ニューヨーク日本学校教育審議会事務局長 1 名 ・ニューヨーク補習授業校校長 1 名 ・ニューヨーク補習授業校教頭 1 名	・SPEAC 会員 10 名 （カニングハムの他，精神科医の竹友安彦博士など）

注：表内の「日本学校」「ニューヨーク日本学校教育審議会」は，原文表記。

SPEAC が主催者となってこの会合を提案し，カニングハム邸に表 2.2 に示した15 名が集まった。

　7 月 23 日の会合を主催したきっかけについては省略するが，本会合の主な流れは次の通りであった。この会合が提案された主旨説明があり，その後に，日本人学校・補習授業校関係者からの質疑応答を中心に，障害児の親達の体験報告が行われた。日本人学校への要望に着目すると，次の 3 点を抽出できる。

　まず，領事および日本人学校校長の説明会自体に対する疑問に対して，精神科医の「竹友博士は特殊児童に対する基本的理解のもとに，日本学校に受け入れ態勢を作ることができれば，子供達にとって幸せであることはもとより，特殊教育に就いては遅れている日本に対して，ひとつのモデルとなることを力説」したと本会合の記録にまとめられている。

　次に，カニングハムは，本会合で，「学習障害児や軽度精神遅滞児にとって，二ヶ国語学習は困難であり，日本へ帰ることが前提のアメリカ滞在であるなら日本語で教育するのが望ましいこと，さらに，普通児とのメインストリーミングによる教育可能性と，教員側の負担と特殊教育に関する認識問題を指摘」したとある。なお，この時点では，日本の特殊教育制度の対象外であった異言語環境で不適応を起こしている日本国内で成績優秀であった子どもについての問題は記録されていなかった。

　さらに，本会合では，親の立場から，「派遣教師の一人を学習障害指導の有資格者にすることは可能か」という質問も出ていた。この質問に対し，日本人学校校長は，「派遣教師の仕事は手一杯という現状では，その一人を特殊教育専門に

することは不可能」と回答し，SPEAC の要望と学校側でできることとの間に相当のへだたりのあることが浮き彫りになった。結論としては，教育関係者が話し合ったうえで，あらためて，SPEAC に連絡することになり，会が終了した。

2．請願運動前における日本人学校関係者への要望に対する回答

その後 1984 年 1 月 20 日付で，領事からカニングハム宛に書簡が届き，現地で学習障害児と査定される子どもに対して専門的立場からの教育を行うべきで，日本人学校の中にリソースルームの設置をとの提案について，「現時点では実施は困難との感触であります」などと述べられた。

この書簡から新たに明らかになった要望として，前述の 1983 年 7 月の日本人学校関係者との会合の記録にはなかった要望，すなわち，SPEAC の側から「日本人学校の中にリソースルームの設置をとの提案」のあったことが指摘できる。

この「リソースルーム」というのは，後の 1993 年度に日本で制度化された「通級による指導」に相当するものであった。SPEAC 側は，「現地で学習障害児と査定される子どもに対して専門的立場からの教育を行うべき」と述べ，そのために，リソースルームで指導のできる派遣教員の配置を日本人学校関係者に提案した。しかし，前述の書簡によれば，日本人学校関係者で検討された結果として，派遣教員が不足していること，学校独自に教員を採用するための予算の捻出が困難であること，校舎収容能力の限界から施設整備が困難であることが理由として述べられ，SPEAC 側からの提案は受け入れられなかった。

第4節　請願運動で追求されたこと

1．日本人学校への特殊教育プログラム設置の署名運動

1988 年 10 月，自助組織（SPEAC）の活動として，日本人学校に特殊教育プログラム設置を求める署名運動が実施された。この時期の変化としては，ニューヨーク日本人学校の校舎移転計画があり，前項で検討課題となっていたリソースルーム設置のスペースが見込める状況になったことを指摘できる。陳情書ファイル資

表2.3　署名運動参加のお願いの文書における署名運動の目的（抜粋）

> 　この署名運動は，日本から来て日本へ帰る，特殊教育プログラムを必要とする日本人児童生徒たちのために，ニューヨーク日本人学校が門戸を開いてくれるよう請願するのが目的で，現地校の特殊教育を受ける機会を阻害する意図は毛頭ありません。日本で最低限保障されている『教育を受ける権利』を，海外の少数派であるがために，無視されてきた現実を改善し，上限まで発達できる可能性を与えることのできる，日本語による教育環境を開いてやる義務を，当局に認識して頂くのが主旨なのです。

注：この表2.3は表2.1の資料4の抜粋。

料4に綴られたSPEACの発起人一同が日米関係者宛に作成した署名運動参加のお願いの文書（日本語版，1988年10月1日付）をみると，署名運動の目的が，表2.3（表2.1の資料4の抜粋）のように述べられていた。

　この署名運動の目的に賛同した人は，1988年11月5日時点で，2,373名に達した。その内訳は，日本人が1,717名（62%），アメリカ人が656名（38%）であった。その後も署名が集まり，最終的には3,407名の署名が集まった。このように，多くの人に知らせ賛同を得た運動の目的（表2.3）の説明文を見ると，「特殊教育プログラム」（逐語訳ではない英語版では「special education services」）とある。多くの人に理解してもらうために，日本語版での署名運動の目的説明文には「リソースルーム」あるいは英訳した「特殊教育サービス」という用語を用いず，より多くの人から理解が得られるように当時の日本国内法で解釈可能な表現に近づけ，かつ，米国の特殊教育が実施できるように考えられた表現であったと捉えられる。

2．請願書提出と教員派遣の実現

(1) 請願書提出

　1988年12月，カニングハムは，日米両サイドから集めた請願書と署名を，ニューヨーク日本人学校への特殊教育設置のお願いの陳情書として，文部大臣（現，文部科学大臣）に面会し提出した。この1988年12月7日付で，文部大臣宛に提出された請願書における請願の趣旨には，「Japanese School of New York（ニューヨーク日本人学校）に，日本人障害児のための特殊教育プログラム設置のお願い」

表 2.4　請願の背景（1988 年 11 月 5 日付「請願書」より抜粋）

　日本語の教育環境が必要という査定を受けた生徒にとって，行き場は，帰国以外にありません。家族を分断して，幼い子供たちの健全な成長を望めるのでしょうか。こうしたケースを救う唯一の方法は今のところ，1990年に現在地から他所へ移転予定の，ニューヨーク日本人学校に，特殊教育を何らかの形でスタートさせること以外にありません。

注：この表 2.4 は表 2.1 の資料 2 の抜粋。

とある（陳情書ファイル資料 1）。

　この請願の趣旨を読むと，SPEAC の運動で主に追求されたのは，米国の法制度で保障されていた特殊教育で，具体的には，「リソースルームでの指導」を可能とする特殊教育プログラムであった。「特殊学級」を要望する明確な用語は，この後の請願の背景（陳情書ファイル資料2）にも記載されていなかった。この請願の背景の説明では，日本語の教育環境が必要だと査定を受けた子どもへの対応の必要性を，表 2.4 のように述べている。

　表 2.4 の説明について，これまでの運動の経緯を踏まえると，特記すべきことが 3 点ある。第一に，現校舎ではなく，移転予定先の日本人学校での特殊教育プログラムの実施を要望した点から，校舎移転の好機を逃さないようにして，この運動がすすめられていたことである。第二に，現地の教育制度に基づき，日本語の教育環境が必要であると査定を受けた子どもも，日本政府が日本人学校を通じて保障する「教育を受ける権利」を享受できるようにという意図があったことである。第三に，「特殊学級」ではなく「特殊教育を何らかの形で」という説明から，一貫して当時の日本の法律で保障する「特殊教育」の概念よりも広い，米国の法律で保障する「特殊教育」を求めていたことが読みとれる。

(2) 教員派遣と通級による指導の実現

　日本政府は，ニューヨーク日本人学校から，校舎移転後の 1990 年度に正式な政府派遣教員の要請を受け，特殊学級設置のために教員派遣を行った。この教員の報告（石原，1995）によると，諸事情から特殊学級開設が遅れたこともあり，実

際には，通級による指導が行われた。このことから，SPEAC 関係者が追求していた教育方式（リソースルームでの指導）が実現されていたと判断できる。

3．外国人学校である日本人学校に求められたこと
(1) 請願書に込められた意図

　講演会で，現地学校に適応している知的障害のある子どもの例が説明されたように，カニングハムは，障害のある日本人すべてを，日本人学校での特殊教育プログラムの対象としては捉えていなかった。特に，注意欠如・多動症や学習障害のある子どもの適応問題に対応するために，日本人学校での特殊教育プログラム設置の必要性を感じていたのである（講演録，pp.74-75）。

　また，カニングハムは，同講演会の中で，現地学校で適応問題を起こす子どもについて言及している。彼女が取りあげたのは，言語性の学習障害（Learning Disabilities，以降 LD）と日本国内で成績優秀だった子どもであった。

　前者の言語性 LD のある子どもについて，「母国語」を自分のものにするのに困難があること，日本語の環境で教育できるはずの日本人学校がこれらの子どもを受け入れない状況にあったことを指摘した。

　後者の日本国内で成績優秀だった子どもについては，日本人駐在員家庭の多くは子どもが学習に必要な英語力を身につける前に帰国してしまうこと，日本で成績優秀だった子どもが英語でコミュニケーションできずフラストレーションを溜め自尊心を傷つけられたりすると不適応症状を起こしやすかったことを指摘した。

　彼女は，講演会で「日本人学校に発達障害を持ってる子どもたちの特別支援プログラムを作ってくださいと言うときには，実は心理的にもつれている，本来普通児と言われている子どもたちも，私の視野の中に入っていました」（講演録，p.75）と述べている。これは，請願書に明記されていなかった点で，新たな事実であると指摘できる。

　日米の特殊教育の対象の違いを浮き彫りにする当時のエピソードとして，1993年の国会（第126回国会参議院決算委員会，1993）で，下村泰議員は，1988年12月当時に SPEAC から請願書の内容がどのように文部省に伝わっていたのかを述べ

ている。すなわち，1988年12月時点では，カニングハムが述べた「学習障害」のことを文部省の担当者も知らず，下村議員は国会で「知恵おくれ」と発言したと述べている。ただし，同国会（第113回国会参議院文教委員，1988）の中で，文部省担当者が，カニングハムの著書『海外子女教育事情』を読んでいるという発言もあった。本書には，障害を問わず不適応の問題を起こす日本人の子どもへの教育支援の必要性が彼女の経験に基づき例をあげて論じられていたことから，彼女が前述の講演会で語った請願書に込めていた意図は，当時からあったものだと裏づけることができる。

　このような子どもの実態を受けて作成された請願書をみると，「特殊学級」ではなく，「特殊教育プログラム」設置のお願いと記載されていたことには特別な意図があったと解釈できる。彼女が，あえて日本国内の制度に基づいた「特殊学級」の用語を使用せず，米国の教育制度での「特殊教育プログラム」の用語を用いたと考えれば，前述の障害を問わず不適応症状のある子どもの問題を解決するために，日本人学校に期待をしていたことがわかるからである。

(2) 今後の研究課題

　本研究の結果から，異国の異言語環境下にある子どもにとって，受け入れ国で教育を受ける権利の保障が充実されたとしても，特に，障害を問わず言語の違いが影響し，不適応症状がある，または，その症状が起こる可能性の高い子どもにとっては，その子自身が理解できる言語による教育の恩恵は大きいことが明らかになった。近年，日本の公教育では，外国ルーツの子どもが将来にわたって日本に居住することを前提とし，日本語能力を高めるための施策が講じられている。また，国や地域を超えてのICTの活用やAIを利用した自動翻訳による支援の可能性も広がっている。このような時代においても，世界各地において外国人学校があるという意義を考慮すると，外国ルーツの子どもの教育の選択肢の一つとして検討する余地はあるといえよう。今回は，外国人学校1校（米国におけるニューヨーク日本人学校）を分析対象としたが，分析対象校を増やし，教育制度の異なる地域にある外国人学校においても求められることは共通しているのか，あるい

は異なるのかなどを検討することは今後の研究課題として究明する必要がある。

【謝辞】
　本研究を進める上で貴重な資料を提供していただいたカニングハム久子氏に心より感謝申し上げます。

【付記】
　本章は，東京成徳大学子ども学部紀要第5号に筆者が掲載した論文を修正したのものであり，本研究の一部は科研費（23730866）の助成を受けたものである。

【注】
1) 国籍を問わず，文化的言語的に多様な背景のある子どもは，「外国につながる子ども」などとも呼ばれるが，本章では，「外国ルーツの子ども」という表記で統一する。
2) 公立義務教育諸学校の学級編制及び教職員定数の標準に関する法律のこと。
3) 日本国内法に基づく教員定数充足率は，那須野（2011）を参照。
4) 原本については，行政文書保管期間超過のため閲覧できず。
5) 1988年度のニューヨーク日本人学校（1989）の研究紀要には，「日本学校」という表記も有り。

【引用・参考文献】
カニングハム久子　2015a　「異国での子育てとニューヨーク日本人学校「特殊学級」設置運動」『子ども学部紀要』5，69-83頁（平成27年度東京成徳大学子ども学部公開講演会　講演録）
カニングハム久子　2015b　『異国に生きる　カニングハム・久子　愛と魂の軌跡』エスコアール
第113回国会参議院文教委員　1988　「会議録第11号：1988年12月15日開会」
第126回国会参議院決算委員会　1993　「会議録第3号：1993年4月12日開会」
石原敏晴　1995　「ニューヨーク日本人学校における特殊学級の開設」『在外教育施設における指導実践記録』18，171-174頁
石井詩都夫・那須野三津子・柳本雄次　2002　「ことばの教室及び国際学級における外国人児童生徒の現状と課題」『日本特殊教育学会第40回大会発表論文集』332頁
文部科学省初等中等教育局国際教育課　2012　「日本語指導が必要な児童生徒に対する「特別の教育課程」の在り方等について」
文部科学省総合教育政策局男女共同参画共生社会学習・安全課　2020　「外国人の子供の就学状況等調査　別添参考資料　外国人の子供の就学状況の把握・就学促進

に関する取組事例」16-19 頁

那須野三津子　2011　「海外日本人学校に対する障害児教育担当教員派遣の実現要因
　　—1979-2002 年度の教員派遣制度を通して—」『特殊教育学研究』49，247-259 頁

那須野三津子　2015　「ニューヨーク日本人学校における「特殊教育プログラム」設
　　置運動—日本語による教育環境で特別な支援が必要な子どものために—」『子ども
　　学部紀要』5，53-67 頁

那須野三津子・柳本雄次・石井詩都夫　2002　「養護学校及び特殊学級における外国
　　人児童生徒の受け入れの現状と課題」『日本特殊教育学会第 40 回大会発表論文集』
　　333 頁

那須野三津子・柳本雄次・徳田克己　2002　「アメリカ合衆国におけるバイリンガル
　　特殊教育の発展過程：1954 年から 1970 年代まで」『心身障害学研究』26，127-140
　　頁

ニューヨーク臨床教育父母の会 1988 年 12 月 7 日付　陳情書「ニューヨーク日本人学
　　校に特殊教育設置のお願い」ファイル〔未公刊資料〕

SABJA　2023　「発達サポート（WISC 検査）」https://www.nposabja.org/ja/assis
　　tencia-para-desenvolvimento-ja/（閲覧日：2023 年 5 月 8 日）

The Japanese School of New York　1989　「1988 年度ニューヨーク日本人学校研究
　　紀要」ニューヨーク日本学校

柳本雄次・石井詩都夫・那須野三津子　2002　「通常学級における外国人児童生徒の
　　特別支援の現状と課題」『日本特殊教育学会第 40 回大会発表論文集』331 頁

在ニューヨーク総領事館領事〔個人名略〕1984 年 1 月 20 日付　カニングハム久子宛
　　の書簡〔未公刊資料〕

> ⋯●推薦図書●⋯
>
> **カニングハム久子　1988　『海外子女教育事情』新潮選書**
> 　　多民族・多文化都市ニューヨークで，異言語・異文化環境下にある日本人の子
> 　　ども達の発するサインや教育的ニーズは，日本国内の異言語・異文化環境下に
> 　　ある外国ルーツの子ども達をより理解することに役立ちます。

> ⋯●読者へのメッセージ●⋯
>
> 　子どもやその保護者のわかる言語で，その子の特別な教育的ニーズを把握するこ
> とは大切ですが，日本の特別支援教育制度では権利として認められていません。
> 1970 年代に，この権利が法律で規定された米国で蓄積された実践から，今の日本
> の外国ルーツのお子さんの教育に求められることを考えてみましょう。

第3章
子育て世帯の困窮
—生活困窮者自立相談支援事業相談者の実態から—

朝比奈朋子・杉野緑

第1節　本研究の目的と方法

1．研究の目的

　生活困窮者自立支援制度は「第二のセーフティネット」として 2015 (平成27) 年 4 月から実施されている制度である。最後のセーフティネットである生活保護受給に至る前段階にある生活困窮者に対する自立支援を行うことを目的とし，生活困窮者自立相談支援事業，生活困窮者住居確保給付金等の事業が実施されている。2018 (平成30) 年 10 月には生活困窮者自立支援法の改正が行われ基本理念が追加された。「生活困窮者」は法 3 条で定義されているものの，「生活困窮」「経済的困窮」の明確な基準は法律に規定されていない。

　制度開始直後には，「新しい」制度で対象とする者を捉えるための調査研究が複数実施された。筆者らは，本制度の対象者となる生活困窮者に対して有効な支援を行うためには，まずは対象となる者たちの社会的性格を把握することが必要であると考え，A 市と共同研究を行った。本研究では，これらの研究の一環として，本制度の中心である生活困窮者自立相談支援事業を利用した者 (以下，相談者) のうち，18 歳に達する日以後の最初の 3 月 31 日までの間にある児童 (以下，「子ども」) を含む世帯を抽出し，どのような世帯が相談に繋がっているのかを明らかにし，それらの世帯の抱える困窮の特徴を捉えることを目的とする。

　生活困窮者自立支援制度では，子どもを対象とした事業として「子どもの学習支援・生活支援事業」が実施されている。本事業は貧困の連鎖の防止の観点から，

子どものみならず子どもの保護者に対する生活習慣・育成環境の改善，教育および就労に関する支援等を含むこと，学習支援の内容は単に勉強を教えるだけではなく，居場所づくり，日常生活の支援，親への養育支援などを通じて，子どもの将来の自立に向けたきめ細やかで包括的な支援を行うことが目指されている。さらに，ひとり親家庭等の支援施策における子どもの学習支援事業との連携・調整を実施することで地域の実情に合わせた効果的・効率的な事業展開も求められている（厚生労働省，2018）。

　本事業が目指す地域の実情に合わせた貧困の連鎖の防止の観点からの子どもとその保護者への生活支援を実施するためにも，生活困窮者自立支援制度が有効的に機能するためにも，子育て世帯に焦点をあててその生活困窮を捉えることは意義のあることだと考える。

２．研究の方法と視点

　本研究では，A市から匿名化されたデータの提供を受け，A市における生活困窮者自立相談支援事業を2015（平成27）年4月から2016（平成28）年1月末日までの間に初回相談として利用した全262ケースのうち，相談者が属する世帯に子どもを含む世帯（以下，「子育て世帯」）51ケースを抽出した。先述した子どもの年齢は，子育て世帯への社会手当てとの関係を考察するため，児童扶養手当の支給年齢に合わせた。これらの世帯を，後述するように「夫婦＋子」「女親＋子」「拡大ひとり親」の3グループに分けて分析した。

３．倫理的配慮

　本研究は，A市との共同研究に際して，東京成徳大学大学院研究倫理審査を受け，承認された（16-3，30応7）。本研究は，上述した分析対象部分について，筆者らの責任において分析したものである。

第2節　分析対象とする子育て世帯

1．分析対象とする子育て世帯の基本属性

　本研究の分析対象となる生活困窮者自立相談支援事業を利用した子育て世帯
51 ケースの相談者の性別と年齢は，表 3.1 の通りである。

　男性 12 人，女性 39 人と女性が多い。年齢構成は「40 歳代」29 人と 40 歳代
に集中している。平均年齢からも子育て世帯相談者が 40 歳代に集中しているこ
とがわかる。

表 3.1　子育て世帯相談者の性別・年齢構成

（単位：人）

	男性	女性	総計
10 歳代	0	1	1
20 歳代	0	4	4
30 歳代	2	7	9
40 歳代	7	22	29
50 歳代	3	4	7
不明	0	1	1
合計	12	39	51
平均年齢	45.2 歳	40.5 歳	41.8 歳

2．子育て世帯相談者の世帯状況

　表 3.2 は，国勢調査の世帯構成の分類基準に基づいて分類・集計を行ったもの[1)]
に，相談者からみた家族構成の続柄での世帯分類を加えてまとめたものである。
生活の最小単位である家族を生活実態に即して把握するためである。

　国勢調査に基づく世帯構成をみると，「夫婦＋子」世帯に属する相談者は 23 人，
「女親＋子」世帯に属する相談者は 16 人，「その他の世帯」に属する相談者は 12
人である。

　相談者からみた世帯構成をみると，「その他の世帯」はさまざまな組み合わせ

表3.2　子育て世帯相談者の世帯構成　　　　　　　（単位：人）

世帯構成 （国勢調査分類）	相談者からみた世帯構成	男性	女性	総計
夫婦＋子	夫婦＋子	8	15	23
小計		8	15	23
女親＋子	女親＋子	―	16	16
小計		―	16	16
その他の世帯	夫婦＋子＋高父または高母	1	1	2
	男親＋子＋高父または高母	1	―	1
	男親＋子＋高父母	1	―	1
	男親＋子＋元妻	1	―	1
	女親＋子＋高父母＋兄弟姉妹	―	2	2
	女親＋子＋高父または高母＋兄弟姉妹	―	1	1
	女親＋子＋高父母	―	2	2
	女親＋子＋高父または高母	―	1	1
	女親＋子＋子の配偶者＋孫	―	1	1
小計		4	8	12
総計		12	39	51

注：高父母・高父・高母とは，高年齢の父および母を意味する。

から成る拡大家族であることがわかる。「その他の世帯」網掛け部分は，子ども
に対する親の関係が「男親＋子」ないし「女親＋子」に相当するもので，「ひと
り親世帯の拡大家族」と捉えることができる。

　このようにみると，子育て世帯相談者の世帯は，網掛けしたように，「夫婦＋
子」とひとり親の世帯に大別され，ひとり親の世帯には「女親＋子」と「ひとり
親世帯の拡大家族」（以下，「拡大ひとり親」）があることがわかる。

第3節　3グループ別にみる子育て世帯の相談ニーズ

　次に，表3.2で明らかになった子育て世帯相談者51人を3グループの世帯に
分類して捉える。「夫婦＋子」23世帯，「女親＋子」16世帯，「拡大ひとり親」8
世帯の合計47世帯である。

ここでは，これら子育て世帯相談者が「相談したいこと」を把握する。相談者は初回相談受付時に選択肢の中から「相談したいこと」に丸を，「一番困っていること」に二重丸を記載する形式になっている。

　全47世帯では，「収入・生活費」が23世帯と多い。次いで，「病気や健康，障害」14世帯，「その他（学習支援）」が13世帯である。「一番困っていること」に記載している者の中では「収入・生活費」が多い。

　3グループ別にみると，「夫婦＋子」は「収入・生活費」が13世帯と最も多い。「一番困っていること」として3世帯が選択している。「相談したいこと」の丸の平均個数は2.7個と他の2グループと比較して多い。「女親＋子」は「収入・生活費」8世帯と多い。「一番困っていること」として3世帯が選択している。平均個数は2.3個である。「拡大ひとり親」は，「相談したいこと」に特徴がみられない。平均個数は1.9個と他の2グループに比較して少ない。

第4節　3グループ別にみる子育て世帯の生活

　以下では，一般世帯で保護者の養育下で育つ子どもの生活は当然のことながら家族を単位とした枠組みで営まれることから，その生活基盤である世帯の大きさ，住居，経済状況を把握する。

1．世帯の大きさ

　表3.3は，世帯人員を3グループ別にまとめたものである。生活単位としての世帯構成とその大きさを把握するためである。

　全世帯をみると「4人」が17世帯と最も多い。「3人」と「4人」で全体の3分の2を占める。平均世帯人員は3.7人である。調査実施時期と同時期の全国平均2.38人（平成27年国勢調査）と比較して，世帯規模が大きい。

　3グループ別にみると，平均世帯人員は「夫婦＋子」と「拡大ひとり親」はそれぞれ4.2人，4.8人であるが，「女親＋子」は2.8人と小さい。

表 3.3　子育て世帯の世帯人員別世帯　　（単位：世帯数）

世帯人員	夫婦＋子	女親＋子	拡大ひとり親	合計
2 人	0	6	0	6
3 人	7	7	0	14
4 人	9	3	5	17
5 人	5	0	1	6
6 人	1	0	1	2
7 人	0	0	1	1
8 人	1	0	0	1
合計	23	16	8	47
平均世帯人員	4.2 人	2.8 人	4.8 人	3.7 人

表 3.4　子育て世帯の住居別世帯　　（単位：世帯数）

住居の種類	夫婦＋子	女親＋子	拡大ひとり親	合計
持家	8	3	5	16
借家	1	2	0	3
賃貸アパート・マンション	7	10	3	20
公営住宅	4	1	0	5
不明	3	0	0	3
合計	23	16	8	47

2．住　居

　表 3.4 は，世帯の生活の器である住居について 3 グループ別にまとめたものである。全世帯をみると，「賃貸アパート・マンション」が 20 世帯と最も多く，次いで「持家」16 世帯（34.0％）である。A 市の持ち家率 57.0％（平成 27 年国勢調査）と比較して持家の世帯は少ない。

　3 グループ別にみると，「拡大ひとり親」は 8 世帯中 5 世帯が「持家」と多い。「夫婦＋子」は「持家」8 世帯，「賃貸アパート・マンション」7 世帯である。「公営住宅」5 世帯中 4 世帯は「夫婦＋子」である。「女親＋子」は「賃貸アパート・マンション」10 名と他の 2 グループと比較して占める割合が大きい。

表3.5　子育て世帯の世帯収入の種類別世帯　　　（単位：世帯数）

世帯収入の種類	夫婦＋子	女親＋子	拡大ひとり親	合計
就労収入有	15	10	6	31
就労収入	6	1	1	8
就労収入＋社会保障給付*1	6	7	4	17
就労収入＋社会保障給付＋その他収入*2	1	1	1	3
就労収入＋その他収入	2	0	0	2
福祉的就労収入＋社会保障給付（手当）＋その他収入	0	1	0	1
就労収入無	1	6	2	9
社会保障給付	1	3	2	6
社会保障給付＋その他収入	0	1	0	1
その他収入	0	1	0	1
収入無	0	1	0	1
不明	7	0	0	7
合計	23	16	8	47

注：＊1児童手当，児童扶養手当，公的年金（老齢，障害），健康保険の傷病手当金。＊2養育費，家族からの仕送り，家賃収入

3．世帯の経済状況（世帯収入の種類，債務状況）

　ここでは，世帯の経済基盤である世帯収入と債務状況をみる。

　本研究の対象である子育て世帯相談者は40歳代に集中しており，生産年齢である。さらに，子育て世帯を対象とした社会保障給付の対象になることから，世帯収入を就労収入の有無と社会保障給付に着目して分類・集計した（表3.5）。

　全世帯をみると，「就労収入有」は31世帯で，その内21世帯は就労収入の他に社会保障給付がある。「就労収入無」は9世帯で，その内1世帯は「収入無」である。「社会保障給付」のみの世帯は6世帯である。

　3グループ別にみると，「夫婦＋子」は「不明」7世帯を除いた16世帯中15世帯は「就労収入有」である。「女親＋子」は16世帯中6世帯が「就労収入無」と，他の2グループに比べて占める割合が大きい。

　表3.6は世帯の貸付・債務，滞納状況の有無を集計したものである。「不明」

表 3.6　子育て世帯の貸付・債務，滞納状況別世帯　　（単位：世帯数）

貸付・債務，滞納状況	夫婦＋子	女親＋子	拡大ひとり親	合計
有	12	6	3	21
無	4	5	4	13
不明	7	5	1	13
合計	23	16	8	47

が 13 世帯と多いため，分析上，制限が生じるが，全世帯をみると「有」は 21 世帯である。

　3 グループ別にみると，「夫婦＋子」は「不明」を除く 16 世帯中 12 世帯が「有」と他のグループと比較して多い。「拡大ひとり親」は「不明」を除く 7 世帯中「有」は 3 世帯と少ない。3 世帯の内訳をみると住宅ローンと家賃滞納と住居費に関連している。「女親＋子」の「有」6 世帯の内訳をみると公共料金を含む税金等の滞納に関連している。

第 5 節　3 グループ別にみる子育て世帯の子

　次に，子育て世帯の子の状況を 3 グループ別に把握する。

　表 3.7 は，子の人数と子の年齢構成に着目して整理したものである。分析対象の世帯には，本稿における「子ども」である 18 歳に達する日以後の最初の 3 月 31 日までの間にある児童である「続柄：子」と，これに該当しない「続柄：子」が含まれている。そのため，前者を「子ども A」，後者を「子ども B」と区別して集計をした。さらに，特別なニーズがある子の人数を括弧内に記載した。

　表 3.7 をみると，全世帯の子の人数は 94 人で，「子ども A」83 人，「子ども B」11 人である。一世帯あたりの「子ども A」数は 1.77 人で，調査時期と同時期の 2016（平成 28）年国民生活基礎調査における児童のいる世帯の平均児童数 1.69 人[2] と比較して僅かに多い。

　3 グループ別に子の状況を整理すると，「夫婦＋子」は，平均子ども数 1.91 人，「子ども B」を含めた平均子ども数 2.17 人と「子」の平均人数が 3 グループで最

表3.7　3グループ別にみる子の人数別・子の年齢構成

子の人数		世帯数	子ども A*1（単位：人）					子ども B*2（単位：人）			合計（単位：人）
			未就学児	小中学生	中学卒以降	不明	小計	子10歳代	子20歳代	小計	
全世帯	1人	17	5	11(3)	1	0	17(3)	0	0	0	17(3)
	2人	18	7	20(3)	3(1)	3	33(4)	1	2	3	36(4)
	3人	9	3	12(4)	4	0	19(4)	2	6	8	27(4)
	4人	2	3	3	2	0	8	0	0	0	8
	6人	1	1	4	1(1)	0	6(1)	0	0	0	6(1)
	小計	47	19	50(10)	11(2)	3	83(12)	3	8	11	94(12)
	平均　1.77人							平均　2.00人			
夫婦＋子	1人	7	4	3(1)	0	0	7(1)	0	0	0	7(1)
	2人	9	6	8(1)	1(1)	2	17(2)	0	1	1	18(2)
	3人	5	3	6(1)	1	0	10(1)	0	5	5	15(1)
	4人	1	1	2	1	0	4	0	0	0	4
	6人	1	1	4	1(1)	0	6(1)	0	0	0	6(1)
	小計	23	15	23(3)	4(2)	2	44(5)	0	6	6	50(5)
	平均　1.91人							平均　2.17人			
女親＋子	1人	6	1	5(2)	0	0	6(2)	0	0	0	6(2)
	2人	7	1	10(2)	2	0	13(2)	1	0	1	14(2)
	3人	3	0	4(3)	3	0	7(3)	1	1	2	9(3)
	小計	16	2	19(7)	5	0	26(7)	2	1	3	29(7)
	平均　1.63人							平均　1.81人			
拡大ひとり親	1人	4	0	3	1	0	4	0	0	0	4
	2人	2	0	2	0	1	3	0	1	1	4
	3人	1	0	2	0	0	2	1	0	1	3
	4人	1	2	1	1	0	4	0	0	0	4
	小計	8	2	8	2	1	13	1	1	2	15
	平均　1.63人							平均　1.88人			

注：1)　*1 本稿における「子ども」で，18歳に達する日以後の最初の3月31日までの間にある児童である「続柄：子」。*2 上記以外の「続柄：子」。
　　2)　括弧内の数字は，特別なニーズがある子の人数。特別なニーズがある子は，障がい，特別支援学校および通級への通学，不登校，ひきこもり，慢性疾患の記載がある子。

も大きい。「未就学児」はこのグループに占める割合が高い。「子ども B」もこのグループに占める割合が高い。

　「女親＋子」は，平均子ども数1.63人と「拡大ひとり親」と同数であるが，「子ども B」を含めた平均子ども数1.81人は3グループで最も小さい。子「2人」世帯の「小中学生」が10名とこのグループの子ども29名の約3分の1を占める。特別なニーズがある子が占める割合が高い。

「拡大ひとり親」は，平均子ども人数は「女親＋子」と同数，「子どもB」を含めた平均子ども数は1.88人である。特徴はみてとれない。

　以上から，生活困窮者自立相談支援事業の相談に訪れた子育て世帯は，「夫婦＋子」世帯，ひとり親世帯である「女親＋子」世帯と「拡大ひとり親」世帯の3グループに大別されること，その内「夫婦＋子」世帯が多いことがわかった。

　3グループを生活状況から整理すると以下の通りである。

　「夫婦＋子」23世帯の「相談したいこと」は，「収入・生活費」(13人)，「病気や健康，障害」(9人)が多く，「相談したいこと」が重複している世帯が多い。平均世帯人員4.2人と世帯規模が大きく，子どもの平均人数が1.91人と多く，なかでも未就学児19人中15人と占める割合が多い。また，「子どもB」が11人中6人と占める割合が高い。世帯の生活基盤としての住居は，「持家」8世帯と3グループで最も多いが，半数は住宅ローン返済中であった。就労収入および社会保障給付のある世帯が多い。

　「女親＋子」16世帯の「相談したいこと」は，「収入・生活費」(8人)，「家賃・住宅ローンの支払」(6人)が多い。平均世帯人員2.8人と世帯規模が小さく，子どもの平均人数が1.63人と少なく，小中学生の占める割合が高い。また，特別なニーズがある子が12人中7人と占める割合が高い。世帯の生活基盤としての住居は，「賃貸アパート・マンション」が10世帯と多い。世帯の生活を支える就労収入のない世帯の割合が高く，公共料金と各種社会保険料を含む税金等の滞納が多いが，家賃滞納はない。

　「拡大ひとり親」8世帯の「相談したいこと」には特徴がみられない。平均世帯人員4.8人と世帯規模が大きく，子どもの平均人数は1.63人と少ない。世帯の生活基盤としての住居は「持家」(5世帯)が多いが，住宅ローン返済中も含まれる。

第6節　3グループ別にみる有職者の状況

　ここでは，3グループ別の生活状況をふまえて，子育て世帯の生活困窮の要因

を世帯の有職状況からみる。本来であれば世帯所得でみたいが，生活困窮者自立相談支援事業では，世帯主や生計中心者の特定を行わないため，世帯の収入状況を知ることはできない。そのため，世帯内の有職者に着目をした。

表3.8は，世帯内の有職者の有無と，「有」の場合は有職者の内訳をまとめた。さらに，3グループ別の子の年齢構成での組み合わせで分類した。

「夫婦＋子」は，「有職者有」21世帯，「有職者無」1世帯，「不明」1世帯である。「有職者有」21世帯の内訳は，「夫」9世帯が最も多く，「夫＋妻」5世帯，「妻」4世帯，「夫＋子」3世帯である。特別なニーズがある子が含まれていること，および未就学児が世帯にいることが夫婦共働きを困難にしている影響は特にみられない。有職者「妻」4世帯をみると，「夫」は全員精神疾患または障害があった。

「女親＋子」は，「有職者有」11世帯，「有職者無」5世帯である。「有職者有」11世帯の内訳は，「女親」10世帯，「子」1世帯である。「子」のみが働いている世帯の「女親」は相談時，妊娠中である。「子どもB」を含む世帯で「子どもB」が働いていない世帯は1世帯であるが，その世帯にいる「子どもB」2名の内，1名は在学中，もう1名は怪我のため自宅療養中であった。有職の「女親」10世帯のうち，5世帯は非正規雇用（内，1名は福祉的就労）であり，4世帯の女親の健康状態は「良くない（通院）」。「有職者無」5世帯中4世帯は子が「小学生」の世帯である。その内，1世帯には特別なニーズがある子が含まれている。

「拡大ひとり親」は，「有職者有」7世帯，「有職者無」1世帯である。「有職者有」7世帯の内訳は，世帯内の有職者が1名の世帯と有職者が2名の世帯は各3世帯，有職者3名の世帯は1世帯である。「有職者無」1世帯は，高年齢の両親は生産年齢ではなく，男親は直前まで求職者給付を受給しており，相談時も求職活動中であった。

以上から，世帯の有職者の有無には世帯内の子どもの状況による影響は大きいとはいえず，「夫婦＋子」では生産年齢者の無職は一定数認められるが，「女親＋子」と「拡大ひとり親」では生産年齢で「働くべき者」は働いていることがわかった。しかし，働き方としては，特に「女親＋子」の女親は健康上の問題を抱えて働いており，「夫婦＋子」と「拡大ひとり親」を含めた主たる有職者が女性の世

表 3.8　3 グループ別にみる子の構成別有職者

(単位：世帯数)

| | | 世帯数 | 有職者有 | | | | | | | | 有職者無 | 不明 |
			夫・男親	妻・女親	子ども B	夫＋妻	夫・男親＋子ども B	女親＋高父*1	子ども B＋女親兄*2	女親＋高母*1＋女親弟*2		
夫婦＋子	未就学児	7	6	2	2	―	2	0	―	―	―	0	1
	未就学児＋小中学生	2	1	0	1	―	0	0	―	―	―	1	0
	未就学児＋小中学生＋中学卒以降	2(1)	2(1)	2(1)	0	―	0	0	―	―	―	0	0
	小中学生	5(2)	5(2)	3(1)	1(1)	―	1	0	―	―	―	0	0
	小中学生＋中学卒以降	2(2)	2(2)	1(1)	0	―	1(1)	0	―	―	―	0	0
	小中学生＋子 20 歳代	4	4	0	0	―	1	3	―	―	―	0	0
	不明	1	1	1	0	―	0	0	―	―	―	0	0
	小計	23(5)	21(5)	9(3)	4(1)	0	5(1)	3	―	―	―	1	1
女親＋子	未就学児	1	0	―	0	0	―	―	―	―	―	1	0
	未就学児＋小中学生	1	1	―	1	0	―	―	―	―	―	0	0
	小中学生	9(4)	5(3)	―	5(3)	0	―	―	―	―	―	4(1)	0
	小中学生＋中学卒以降	3	3	―	3	0	―	―	―	―	―	0	0
	小中学生＋子 10 歳代	1	1	―	0	1	―	―	―	―	―	0	0
	中学卒以降＋子 10 歳代＋子 20 歳代	1	1	―	1	0	―	―	―	―	―	0	0
	小計	16(4)	11(3)	―	10(3)	1	―	―	―	―	―	5(1)	0
拡大ひとり親	未就学児＋小中学生＋中学卒以降	1	1	0	0	0	―	0	1	0	0	0	0
	小中学生	3	2	0	1	0	―	0	0	0	1	1	0
	小中学生＋子 10 歳代	1	1	1	0	0	―	0	0	0	0	0	0
	小中学生＋子 20 歳代	1	1	0	0	0	―	0	0	1	0	0	0
	小中学生＋不明	1	1	0	1	0	―	0	0	0	0	0	0
	中学卒以降	1	1	0	0	0	―	0	1	0	0	0	0
	小計	8	7	1	2	0	―	0	2	1	1	1	0

注：1）＊1 高父・高母とは，高年齢の父および母を意味する。続柄：女親の父または母。＊2 女親兄・女親弟は，続柄：女親の兄弟姉妹を指す。
　　2）括弧内の数字は，特別なニーズがある子が属する世帯数。

帯は非正規雇用が少なくなかった。このようにみると，子の状況に関わらず，世帯の基本的な経済基盤を支え得ていない世帯内の就労状況に困窮の要因があることが示唆されたといえよう。

第7節　子育て世帯の困窮

　子育て世帯のグループには，夫婦と子から成る「夫婦＋子」世帯と，ひとり親と子から成る世帯があった。ひとり親と子から成る世帯は，女親と子から成る「女親＋子」世帯と，男親または女親のひとり親と子に他の親族が同居している「ひとり親世帯の拡大家族」世帯であることを捉えた。この3つのグループごとの分析から子育て世帯の困窮として明らかになったことは以下の通りである。

　まず，困窮を訴える子育て世帯には「夫婦＋子」世帯が多かった。子の人数としては義務教育期にある子が最も多かったが，それに次ぐ未就学児は夫婦の元で養育されている者が多かった。そして，1世帯を除いて夫婦共働きか夫婦のいずれかが働いているにもかかわらず，困窮を訴えていた。

　この3点から，第一に，子育て世帯における困窮は，母子世帯を中心としたひとり親世帯に特徴的なことではなく，働いている者がいる両親のいる世帯においても起きていることが明らかになった。第二に，その子育て世帯の困窮は子どもが乳幼児期から始まっていた。

　そして，グループに関わらず「子ども A」を含む子育て世帯において，社会手当の世帯の生計維持への効果及び役割は，無視し得ない大きさであることが示唆された。世帯内の生産労働年齢者と有職者を事例的にみると，大半は「働くことができる者は働いている」状況にあったにもかかわらず世帯の生活を支えるに十分な就労収入がある世帯は少なかった。このように，世帯の生活を支えるに十分な就労収入が不足している世帯における児童手当および児童扶養手当の社会手当の役割は大きいことが推察された。

　以上のことから，本研究で捉えた子育て世帯の困窮と子育て世帯を対象とした社会保障給付との関連で若干の考察を行いたい。

現行の子育て世帯を対象とした社会保障給付は児童手当と児童扶養手当がある。どちらも子どもの心身の健やかな成長に寄与することを趣旨として養育者に対して行われる給付であるが，児童扶養手当は主にひとり親世帯を対象としている。しかし，本研究で明らかになったように，子育て世帯の困窮はひとり親世帯に限定されたことではない。児童手当に関しては政府の掲げる「異次元の少子化対策」に盛り込まれ，今後，所得制限の撤廃，高校卒業までの支給期間延長等の拡充が見込まれる。「次代を担う全てのこどもの育ちを支える基礎的な経済支援としての位置づけ」（こども政策担当大臣，2023，p.10）を実現するには，支給額の増額が必要だろう。また，十分な収入がない状況で，税金等の滞納をしても家賃を支払い生活維持していた実態から，子育て世帯を対象とした住宅手当のような住宅保障も必要不可欠である。

　以上のことは，従来であれば社会福祉・社会保障制度に繋がらない子育て世帯が，本制度で目指す包括的な相談支援に繋がったことで顕在化されたといえる。本研究で明らかになった子育て世帯の困窮に対応すべく，子育て世帯を対象とした社会保障給付を手厚くすることと同時に，母子保健施策や学校教育施策等の他施策との有機的な連携の構築は重要である。

　最後に，本研究では使用可能なデータに限界があり，実証に至ることができないことが多かった。今後の課題としたい。

【付記】
　本研究は日本学術振興会科学研究費，基盤研究（C）2019 年度〜2022 年度，課題番号：19K02270 研究代表者杉野緑による研究成果の一部である。
　本章は，「東京成徳大学　子ども学部紀要　第 12 号」掲載論文を加筆修正したものである。

【注】
1) 国勢調査の用語解説（総務省統計局，2015a）によると，世帯の家族類型は「その世帯員の世帯主との続き柄」によって「親族のみ世帯」「非親族を含む世帯」「単独世帯」と分類し，本研究の対象となる親族のみの世帯については，「その親族の中で最も若い世代の夫婦とその他の親族世帯員との関係によって」14 類型に区分

されており，その区分基準に沿って分類を実施した。ただし，表記としては省略し，「夫婦と子供から成る世帯」は「夫婦＋子」，「女親と子供から成る世帯」は「女親＋子」，上記以外の世帯は「その他の世帯」とした。

2) 国民生活基礎調査における児童とは「18 歳未満の未婚の者」である。本研究における子どものうち 18 歳以上の「子ども A」は 1 名のみのため，比較するうえで問題にならないと考える。

【引用・参考文献】

朝比奈朋子・杉野緑　2002　「生活困窮者自立相談支援事業相談者にみる子育て世帯の困窮」『東京成徳大学子ども学部紀要』12，73-88 頁

こども政策担当大臣　2023　「こども・子育て政策の強化について（試案）〜次元の異なる少子化対策の実現に向けて〜」(2023 年 3 月 31 日)

厚生労働省　2016　「用語の説明」『平成 28 年　国民生活基礎調査の概況』

厚生労働省社会・援護局地域福祉課生活困窮者自立支援室　2018　『生活困窮者自立支援制度と関係制度等との連携について』(平成 30 年 10 月 1 日)

総務省統計局　2015a　「国勢調査の結果で用いる用語の解説」『平成 27 年国勢調査』

総務省統計局　2015b　『平成 27 年国勢調査』

●推薦図書●

阿部彩・村山伸子・可知悠子・鳫咲子　2018　『子どもの貧困と食格差─お腹いっぱい食べさせたい』大月書店

日本における「子どもの貧困」研究の代表的な筆頭編著者が「食」に関するシンポジウムを企画し，まとめたものです。7 人に 1 人が貧困家庭で育つなかで，食事の量や栄養が足りない子どもたちが増えていることを調査データから示しています。本書は，この状況を変えるために，すべての学校での完全な給食の実施を訴えますが，同時に調査データに示された「事実」を私たち一人ひとりが「知り」，「考える」ことが求められています。

●読者へのメッセージ●

さまざまな人と出会い，多様な家族とその暮らしを知り，いろいろな価値観にふれる学びをしてください。

第2部

子どもの発達を促す
さまざまな働きかけ

第 4 章

「見える音楽」としての絵本
─私の絵本の創作から─

長野麻子

第 1 節　創作の原点

1．はじめに

　私はこれまでに『すっすっはっはっ　こ・きゅ・う』(図 4.1) と『まんまんぱっ！』(図 4.2) と題する 2 冊の絵本を創作し，出版した。前者は呼吸と声の表現を楽しむ絵本で，後者は赤ちゃんが言葉の表現を楽しむ絵本である。いずれも文を私が作り，絵を私の母で絵本作家の長野ヒデ子が描いた。現在，大学で保育者・教員養成に携わる私にとり，これらの絵本は欠かせないパートナーのような存在だが，私はこれらを言葉の一義的な意味の理解や物の認識を助けるための絵本としてではなく，身体の感覚を刺激し，想像力と感情の表現を呼び起こすこと

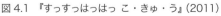

図 4.1　『すっすっはっはっ　こ・きゅ・う』(2011)　　　図 4.2　『まんまん　ぱっ！』(2016)
出所：図 4.1，図 4.2 いずれも長野麻子作，長野ヒデ子絵，童心社。

ができるような音楽的な絵本として意図し，創作した。本章では拙著『すっすっ
はっはっ こ・きゅ・う』と『まんまん ぱっ！』の創作の背景を明らかにしつつ，
両者を「見える音楽」と捉え，その内容と特徴について，作者の立場から述べて
みたい。

２．シュネーベルの音楽

　そもそも私がこのような絵本を創ることに思い至ったのは，大学時代よりディー
ター・シュネーベル（Schnebel, Dieter）の音楽を研究してきたことに端を発する。
シュネーベル（1930～2018）は20世紀ドイツを代表する作曲家であり，音楽学者，
神学者，教育者としても知られる。20世紀前半から中頃にかけての文化や思想
を牽引したブロッホ（Bloch, E.）やアドルノ（Adorno, T. W.）の哲学，バルト（Barth,
K.）やボンヘッファー（Bonhoeffer, D.）の神学，ケージ（Cage, J.）やカーゲル（Kagel,
M.）などの音楽の影響を受け，音楽を固定する合理的な制度や因習からの解放を
謳い，人間の身体を強調する音声や身振りのための実験的な音楽劇を発表してき
た。例えば，初期の作品の一つである《visible music I（見える音楽）》（1960-62）
では，一枚の図形楽譜をめぐり指揮者と器楽奏者の身振りに焦点を当て，彼らの
協働関係から成り立つ演奏の視覚的な身振りを舞台で提示した。また代表作の
《Maulwerke（マウルヴェルケ）》[1]（1968-74）では，人間の舌，唇，喉頭などの調音
器官[2]の動きに焦点を当て，上演者たちによるそれらの前言語的で心的な呼吸や調
音のプロセスを提示した。

　シュネーベルの音楽はこのように身体の身振りとその視覚性を音楽の重要な一
部と見なすもので，音響のみで完結することは稀である。さらに身振りの先にあ
るのは，生身の人間の感情であり，感情こそが音楽の源泉であり，本質であるこ
とを示唆している。このことは《visible music I》で指揮者と器楽奏者の主従関
係が解消されることや，《Maulwerke》で音楽の専門性が不問とされ，誰もが作
品の上演者になれることにも象徴されよう。

3．呼吸と声の発見

　私はシュネーベルの音楽に出会って以来，その思想と作品に惹かれ，大学院在学中の 2000 年より 3 年間，ドイツのベルリン工科大学に留学した。同時にベルリンに住むシュネーベルを訪問し，インタビューなどの取材を重ねた。留学中の経験で最も忘れられない出来事が，2003 年 9 月にベルリン芸術大学で開催されたシュネーベルのワークショップで呼吸と調音を学び，観客の見守る舞台で《Maulwerke》の上演を行ったことである。そこでは私を含む 8 名の受講者が 7 日間，シュネーベルの指導のもとで呼吸や調音の実践に取り組み，舞台上演のための構成や演出について話し合った。それは身体の奥深くに分け入り，未知の表現の世界を発見する時間の連続であった。

　例えば，呼吸の練習では無意識である呼吸に意識を向け，そこに速度やリズム，強弱を加えながら，呼吸を徐々に自分自身の表現に変えていく。すると呼吸が単なる空気や雑音ではなく，感情を持った生命として，不思議と美しいものに感じられた。また調音の練習では，喉頭を引き締めたり緩めたりしながら発声を行い，呼吸から多様な声の質が作り出される原理を学んだ。加えて口の開閉や舌の移動，唇の動きや形からいくつもの母音や子音が作り出される原理も学び，調音の面白さを体験した。そして，さまざまな調音の実践を通して，声にも常に感情が伴い，その大元で呼吸が重要な役割を果たしていることにも気づいたのである。

　私たちはこのような練習と学びを経て，互いの呼吸と調音に基づく音声と身振りの多様なコミュニケーションを構成し，オリジナルの演出による《Maulwerke》を上演した。それは意味のある特定の言語や歌詞に頼らない感覚的で身体的な呼吸と声の表現で，これこそが純粋な音楽ではないかと思われるほど，圧倒的であった。上演に際し，シュネーベルが「《Maulwerke》はみなさんのセルフポートレートです」と語ったことが印象に残っている。この言葉は雄弁な話術や巧みな演奏技術を兼ね備えていなくても，私たちの呼吸や声そのものが音楽の表現となることを意味し，国籍や立場を超えて，私たちの存在をありのままに肯定するものとして受け取られた。とりわけ異国の地の舞台で音楽を表現しようとする私は，この言葉に大きく背中を押された。

第2節 『すっすっはっはっ こ・きゅ・う』の創作

1．音楽から絵本へ—絵本の目的と方法

　ドイツ留学から帰国し，私はシュネーベルの音楽の研究で学位を取得したが，その一方で《Maulwerke》のワークショップで習得した呼吸と調音を応用し，教育活動や表現活動を行いたいという思いが募った。だが身近な音楽関係者に話題を持ちかけても，身体の直接的な表現が躊躇され，シュネーベルの作品も敬遠されやすいことを痛感した。ところが親子の因縁なのか，私の思いが絵本作家の母の関心を引き，母から「それ絵本にしたら？」という意外な言葉が返ってきた。確かに絵本では呼吸や声のイメージを色や形に描くことができ，読者が呼吸をしたり声を出したりすれば，「見える音楽」を表現することが可能だ。それに絵本であれば，子どもが手に取りやすいため，子どもたちに呼吸や声の表現の素晴らしさを知ってもらう利点がある。

　そこで心機一転し，私は呼吸と声についての絵本の創作を開始した。これが『すっすっはっはっ こ・きゅ・う』の始まりである。絵本の目的は呼吸と調音の原理や方法の解説ではなく，読者が呼吸や声の表現そのものを楽しむことに定めた。したがって子どもにも実践できるように，絵本の内容を「呼吸をすること」と「声を出すこと」に集約し，まずは編集者に見てもらうための絵本のダミーの制作に取りかかった。幸い私を古くから知っている出版社の編集者が関心を示し，助言をしてくれることになったのだが，ダミーを完成させ，出版に漕ぎ着けるまでは苦労の連続であり，絵本創りの難しさを思い知った。

　始めは文のない絵本を構想していた。つまり呼吸と声を点と線の動きで表し，それらがさまざまに変容し，異なる形や色を帯びて展開するという抽象画のような絵本で，読者が絵に刺激され，そこから想起されるリズムや音色，感情が呼吸と声で表現されることを目指そうとした。しかし，それでは絵本を眺めるだけで終わってしまう可能性が高く，読者の表現を引き出すことは困難に思われた。やはり文をつけて，読者が意識的に呼吸や発声を行うことができる状況にしなけれ

ば，絵本の目的が達成されない。そこで「くうきをすって」「はいて」「だしてみよう　こえ!」などといった読者を表現に誘うためのナレーションの言葉を置くことにした。さらに呼吸と声で表現するためのさまざまな音やリズム，感情などをオノマトペで表記し，絵の中で提示する方法を取った。

2．呼吸と声のオノマトペ

　呼吸の音をオノマトペで表記するにあたり，問題に突き当たった。私はそれらのオノマトペとして「すうー」「はあー」「すっすっはっはっ」などの表記を試みたが，そもそも呼吸は無声音のため，平仮名やカタカナで正確に表記することができない。つまり，これらのオノマトペを読者が文字どおり音読してしまうと，呼吸が成立しなくなる。考えた挙句，絵本の中の呼吸の主要なオノマトペでは，文字に点線の縁取りを施し，白抜きで表示することにより無声音のイメージを作り出し，読者を呼吸に導くようにした（図4.3）。

　一方，声の表現では感情を伝えるオノマトペに独創性と多様性を広く持たせたいと考え，標準的なオノマトペのほかに，独自のオノマトペを考案した。例えば嬉しい気持ちを表す声には「ぴぴん」「ら」「ろ」「まある」「なーん」などのオノマトペを置いた。また特定の感情を直接伝えるものではないが，「とがった声」「まあるい声」「へんな声」といった音色を表す声の表現も取り入れ，それぞれ「きっきっきっ」「まあ〜ん」「みゅにい」などのオノマトペを置いた。ただし，これらの発声にもやはり何らかの感情が伴う。また声のオノマトペを考案する際には，当時2歳だった私の姪に発声を試してもらい，幼児にも比較的発音が可能であることに留意した。表4.1は完成版の『すっすっはっはっ　こ・きゅ・う』の中で，読者が声で表現する感情や音色とそのオノマトペを抜き出したものである。

　このように声の表現では，喜怒哀楽に基づくさまざまな感情を標準的なオノマトペだけでなく，独自のオノマトペで示し，感情を伝えるのに自由で多様な表現が可能であることを意図した。そして，これらの声の表現の前後や間に呼吸の表現を置き，絵本の全体を構成することで，呼吸と声の結びつきを読者に伝えようとした。

表 4.1 『すっすっはっはっ こ・きゅ・う』の声の表現

頁	表現する感情や音色	オノマトペ表記
10 ～ 11	快感	ふぁーははは あはははは ひゅるるるる　きゃきゃきゃ うふふふ　にゃーん
12 ～ 13	とがった声	きっきっきっきっきっきっきっきっ…
12 ～ 13	まあるい声	まあ～ん　もあ～ん　ままままま～ん
14 ～ 15	喜び	ぴぴん　ら　ろ　まある　ぽ～ん　なーん　まあなん　なん ごろごろ　ぼる　るるるる
16 ～ 17	へんな声	みゅにいいいい　むおおおおおおおおん
18	威嚇・恐怖	うお～　ひゅ～　ふう～　ひゅ～　ひぇ～
19	（指定なし）	や！　ろ！　わっ！　あるあらあれ　あろ～
20 ～ 21	怒り	むかむか！　ぐふぉおー　ザジジジ　ギゴガ　ふいいいーん グワギャロ　パチーキ
22 ～ 23	悲しみ	しょん　そー　しゅ　めー　おお　うううう　きゅう うええええん
26 ～ 27	元気	ディディディン　バンバン　わっほっほ　ぱろん　りろーん もるるる

3．呼吸と声の絵

　絵本の絵に関しては，すでに全体のイメージを構想していたこともあり，私が描くことを希望していたが，これには編集者が賛成しなかった。無名の新人の場合，ベテランの作家と組む方がよいからだという。結局，編集者の思惑もあり，母の長野ヒデ子が絵を描くことに決まったが，いざとなると「呼吸の絵なんて描いたことがない！」と本人も困惑した。『おかあさんがおかあさんになった日』（童心社，1993 年）や『せとうちたいこさん　デパートいきタイ』（童心社，1995 年）などの絵本で知られる長野ヒデ子は，確かに呼吸や声に関する絵本を創ったことがなかった。もっとも，そのような目に見えない存在を描くことは容易でない。しかし長野ヒデ子は私が構想した呼吸と声の抽象的な絵を頼りに，視覚的なイメージを次第に膨らませていき，自らも呼吸をしたり声を発したりしながら，オイルクレパス，蜜蝋クレヨン，色紙のコラージュなどで場面ごとに異なる呼吸と声の表現を絵にしていった。

　絵本は呼吸から始まる。呼吸の流れを表す黄色の枠の空間の中に，点線で「す

うー」「はあー」と描かれたオノマトペの文字が，空気をゆっくりと吸い，吐くことを読者に促す。その繰り返しの後，「おおきくすって　おおきくはいて」の呼びかけのもと，呼吸の強さを表す赤と緑の鮮やかな色彩が加わり，「すっ！すっ！」「はっ！はっ！」というリズミカルな呼吸に移行する（図4.3）。やがて「ふぁーははは　こきゅうをするって　いいきもち」という語りとともに，画面全体に自由な曲線が広がり，呼吸から心地よい笑いを読者に誘うと同時に，それまでの呼吸が笑い声に変化したことを伝える（図4.4）。そこから今度は声を出して，いろいろな感情を表現してみようと促す。喜びに対しては大小のピンクや黄色，水玉模様の赤い玉や渦巻きの形が描かれた画面の中で，「ぴぴん　らろ　まある　ぽ〜ん　なーん」などと表現をし（図4.5），怒りに対しては深緑，黒，赤，紫などのゴツゴツとした太いジグザグの線や角の尖った岩のような形が描かれた画面の中

図4.3　「おおきくすって　おおきくはいて　すっ　すっ　はっ　はっ」(pp.6-7)

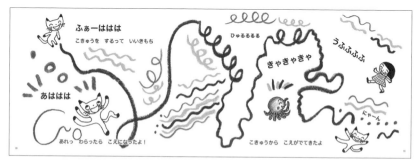

図4.4　「ふぁーははは　こきゅうをするって　いいきもち」(pp.10-11)
出所：図4.3，図4.4いずれも『すっ　すっ　はっ　はっ　こ・きゅ・う』（長野，2011）より。

で、「むかむか！ぐふぉおー ザジジジ ギゴガ ふぃいいーん」などと表現をする（図4.6）。

　絵は呼吸と声の表現が作り出す音やリズムや感情の視覚的なイメージであり、読者が想像を膨らませながらが呼吸や発声ができるように全体を通して抽象的に描かれている。しかし、それとは対照的に各場面にネコと女の子とタコも描き込まれている。この不思議なトリオは読者と一緒に呼吸をしたり、声を出したりしながら、読者に表現を促すための潤滑油としての機能を果たす。このような存在を置くことは、編集者の提案でもあったが、読者に抽象的な絵とオノマトペから実際に表現を求めるためには、必要であった。また、このことにより従来の長野ヒデ子の絵本に通じるユーモアが添えられ、親しみやすい絵本になったといえる。

図4.5　「うれしいこえ ぴぴん ら ろ まある ぽ〜ん」(pp.14-15)

図4.6　「おこったこえで！むかむか！ぐふぉおー ザジジジジ」(pp.20-21)
出所：図4.5, 図4.6 いずれも図4.4に同じ。

4．絵本における抽象性の意義

　構想から約 3 年後の 2010 年，私の呼吸と声の絵本は『すっすっはっはっ　こ・きゅ・う』となり，ようやく出版に至った。この絵本はシュネーベルへのオマージュでもある。絵本を一種の楽譜に見立て，絵と文に沿って呼吸をしたり，声を発したりすることにより，身体への意識が高まり，読者と絵本の間に音楽が生まれることを期待する。それが私の意図する「見える音楽」であるが，一方で「この絵本はどうやって読むのですか？」といった質問を受けることがある。絵本の抽象性に対する戸惑いであろう。私は「自由に表現して，楽しんでください」と答えている。この絵本を読むことが読者自身の表現になることを望んでいるため，あえて抽象的な絵や言葉から自由な解釈と表現を楽しんでもらいたいのだ。呼吸や声は身近な存在であるが，曖昧で多くの抽象性を孕んでいる。それは私たちが生身の人間で豊かな感情を持った存在であるという証である。私はこのことをポジティブに受け止め，感情を自由に表現することの意義，そして抽象性の意義を本作で伝えたい。

　音楽の研究から思いがけず 1 冊の絵本が生まれたが，この創作過程で私は子どもの表現にいっそう関心を寄せるようになった。絵本の構想時点では子どものために創作をするという意識がまだそれほど芽生えていなかったが，『すっすっはっはっ　こ・きゅ・う』の出版後，さまざまな場所で子どもたちに読み聞かせをすると，子どもたちが自然に反応を示し，呼吸をしたり声を出したりすることに驚いた。折しも 2009 年に私は保育士・教員養成校の音楽の専任教員に就任し，子どもをもっと観察し，理解したいという思いに駆られた。以来，保育の領域で子どもの音楽や言葉の表現に関する教育研究活動を行うようになったのである。

第 3 節　赤ちゃんとの出会い

1．赤ちゃんの喃語

　『すっすっはっはっ　こ・きゅ・う』の出版から 2 年後の 2012 年，私は 40 歳にして初めての出産を経験し，我が子を通じて赤ちゃんの世界を間近で知ることと

なった。また，その２年後にも第２子を出産したため，二人の乳幼児に囲まれ，私の世界は一変した。そのような中で赤ちゃんの言葉をテーマにした絵本を創りたいと，今度は私から母の長野ヒデ子に持ちかけた。私の２作目となる『まんまん ぱっ！』である。この創作にも実は作曲家のシュネーベルの言葉が影響している。シュネーベルは2003年の私のインタビューの中で，赤ちゃんの言葉について次のように語っている。

　　私は自分の孫たちが生まれて，彼らを観察していた時に，赤ちゃんが話す言語が音楽ではないかという気持ちになった。赤ちゃんは最初に音楽を表現するのである。赤ちゃんが「マン，マン，マン，マン……」と言うとき，それは言語ではなく音楽なのだ。そして赤ちゃんは音声を試し，実験する。しかしこの音声がはっきりとした意味を伝える時，マンマ（母）という別のものに変わる。音楽は歴史的に言語よりも，先に見られたのではないかと思う。言語は音楽から発展したのではないか。[3)]

　赤ちゃんの「マン，マン，マン，マン……」という言語は喃語のことである。喃語は赤ちゃんの生後６か月頃より見られる独特の言語であり，子音と母音の組み合わせの反復が顕著な例である。シュネーベルにインタビューを行った当時の私は赤ちゃんの喃語が音楽であるという認識を抱けなかったのだが，我が子との生活の中で，突如それが現実味を帯びるようになった。赤ちゃんは実にいろいろな声を発して，感情を表す。母親の私に何かを訴える時もあれば，独り言のように声を発する時もある。そして不思議なことにある時，一定のリズムをつけて「マン，マン，マン，マン」と喃語を語り出すのだ。ほかにも「ダ，ダ，ダ，ダ，」「バ，バ，バ，バ」「パッ，パッ，パッ，パ」などいくつかのバリエーションを持ち，時には抑揚たっぷりに語ることもあった。これは確かに面白い現象で，音楽と呼ぶべきであり，シュネーベルの作品に例えるならば，赤ちゃんの喃語は《Maulwerke》そのものである。

２．喃語の無意味性と音楽

　言語学者のクリスタル（Crystal, D.）によれば，喃語は幼児が獲得する言葉の中に出てくる単語と似ているものもあるが，全く意味を持たないとの見方であるという。また幼児が言葉を話すようになる前に喃語の時期が終了するのではなく，言葉を話すようになってからも喃語は続き，それは生後18か月目まで及ぶ時があるという（クリスタル，1992，p.336）。このことは喃語が音楽的な要素を大いに含んでいることを示唆しているように思われる。喃語が無意味であることはもっともだが，実際に赤ちゃんが喃語を話す時，何らかの感情や意思を表明している。したがって喃語は赤ちゃんが有意味な言葉を獲得する以前の感情の表現であり，その音声には音楽と同等の多様な価値を見出すことができるのではないか。そして喃語の無意味性を音楽性に置き換えるならば，喃語はきわめて感覚的かつ身体的で抽象的な言葉として受け止められる。

　さらにモーク（Moog, H.）は子どもの最初期の歌唱と呼べる喃唱について，喃唱が出現する前に喃語が必ず見られ，喃唱が出現した後に単語が語られることを報告している（モーク，2002，p.54）。また坂井ら（2012）も，8か月以降の乳幼児の喃語のリズムの変化の観察を通して，喃語が有意味な言語につながるリズムだけでなく，歌唱のような音楽的なリズムをも作り出すことを報告している。これらの研究からは，歌唱が喃語から生じるとともに，言葉の獲得よりも早い段階で歌唱が生じうることが明らかである。

　このように私は喃語の音楽性を確信しつつ，赤ちゃんの喃語について，さまざまな思いをめぐらせ，絵本の構想に取りかかった。

第4節　『まんまん ぱっ！』の創作

１．赤ちゃん絵本とは？

　赤ちゃんの喃語を絵本の言葉にし，読み聞かせをする大人などが赤ちゃんに絵を示しながら，喃語で語りかけると，赤ちゃんも声や身振りで反応をする――これが『まんまん ぱっ！』の最初の構想であった。最初に制作したダミーの文の

構成は「まん，まん」（絵本の文では，幼児にもわかるようにひらがなを使用した）を始めとする赤ちゃんが発する数種類の喃語と赤ちゃんへの語りかけの短い言葉のみで，絵は赤ちゃんが喃語を発しながらハイハイをしたり，おもちゃで遊んだり，お母さんのおっぱいを飲んだりするような日常の場面を描いたものであった。喃語が抽象的であるため，喃語の主体となる赤ちゃんの具体的な様子を描いた方が，内容が伝わりやすいものと考えた。ところがこれに対し，編集者は首を縦に振らなかった。つまり赤ちゃんの姿を描写した絵は母親の目線であり，赤ちゃん絵本として赤ちゃんに訴えかけるには不十分だという。ちなみに今作では編集者が交代し，私はその真意がすぐに摑めなかった。しかし，よく考えてみれば，それはもっともな意見であった。確かに赤ちゃんの姿を描いただけの絵は，私が育児を通して見た赤ちゃんの風景を切り取ったものにすぎず，赤ちゃんの目線にきちんと立ったものとはいえなかった。

　さらに喃語を文の全体にわたり使うことについても疑問視された。理由は「抽象的で意味が伝わらないから」だという。編集者はもちろん赤ちゃんの喃語やその意義について理解を示しているが，絵本の文を「まん　まん　まん　まん」「ぱっ　ぱっ　ぱっ　ぱっ」といった言葉のみで構成するのでは，内容がわかりにくいということで，再考を求められた。これには落胆し，頭を抱えた。なぜなら私は喃語で赤ちゃんとコミュニケーションを図る絵本を作りたかったからだ。そうすることで赤ちゃんの身体の感覚や気持ちに寄り添い，赤ちゃんとより深く関われるのではないかと考えたのだ。しかし作者の一方的な主張のみで絵本が出版できるわけではない。また絵本の世界では私は無名の新人である。絵本創りの難しさをここでも思い知り，編集部の了承を得るためにも，もう一度構想を見直し，ダミーを修正しなければならなかった。

　では赤ちゃんの目線に立ち，赤ちゃんに訴えかける絵とはどんなものなのか？また赤ちゃん絵本の文にふさわしい言葉とはどんな言葉であろうか？私は赤ちゃん絵本のロングセラーといわれる作品を読み直した。その最たるものに松谷みよ子作，瀬川康男絵の『いないいない　ばあ』（童心社，1967年）が挙げられる。この絵本は赤ちゃんに普遍的な喜びをもたらす「いないいない　ばあ」の遊びを体験

させてくれる。テーマはもとよりページをめくるという絵本の原理を生かして，「い
ないいない」から「ばあ」への展開とその繰り返しを効果的に生み出しているこ
とが，赤ちゃんを満足させる要因であろう。絵は動物が両手で顔を隠している状
態と，顔を表した状態の2種類のパターンで，画風は思いのほか地味であるが，
無駄がなく，内容と構成の点で赤ちゃん絵本の理想形を示していることがわかる。

　一方，谷川俊太郎作，元永定正絵の『もこ もこもこ』（文研出版，1977年）も赤
ちゃん絵本として長年読み継がれている。正体不明の物体が「もこ」「もこもこ」
と現れ，変容していく様子を描いているのだが，簡潔なオノマトペの文が独特の
間（ま）を形成し，物体の抽象性にもかかわらず，絵本の画面から目が離せなく
なるところが魅力で，赤ちゃんでなくとも大いに好奇心を掻き立てられる。『も
こ もこもこ』は作者の谷川の言葉から，もともと赤ちゃんを対象に創られた絵
本ではないことがうかがえる。谷川によれば本作に限らず絵本を創るときに考え
ることは，「"自分の中にいる子ども"をどこまで解放できるか」（谷川，2015，p.4）
ということに尽きるそうで，それは「喃語」を使うということでもあるという。
谷川の言う喃語とは「甘えたい気持ちみたいなもの」（谷川，2015，p.4）と比喩的
に説明されており，『もこ もこもこ』のオノマトペの用法にも反映されていると
見られる。ゆえに，この絵本が赤ちゃんを自然に惹きつけ，虜にすることに納得
する。

　赤ちゃん絵本では，ほかにも物の認識や生活習慣，しつけなどをテーマとした
絵本が数多く出版されているが，特徴として顕著であるのは，文に関してはオノ
マトペが多用され，単純明快であること，絵に関しては画面いっぱいに対象が描
かれ，色や形が認識しやすいことだ。とくに色に関しては三原色の赤，青，黄と
その二次原色である緑やオレンジが多用されている。そして『いないいない ばあ』
のように，ページをめくると何かが出てくるような動きや変化があり，1冊の中
に心地よいリズムや時間が存在することも赤ちゃん絵本の大きな特徴であろう。

2．文の構成：「まんまん」からの展開

　赤ちゃん絵本の特徴や傾向を探った後，私はもう一度自分の絵本の構想を見直

した。絵本の目的は最初の構想と変わらず，赤ちゃんが読み聞かせを通じて絵と言葉の響きを楽しむことであった。しかし文のすべてを喃語で構成するのではなく，赤ちゃんにわかりやすい有意味なオノマトペも取り入れることにした。つまり赤ちゃんは喃語しか話さない月齢であっても，生まれた時から母親をはじめとする身近な人々からの語りかけによって，言葉を吸収している。また言葉を獲得しつつも，一定時期まで喃語を話し続ける。このような赤ちゃんの言葉の世界は無意味と有意味の両方にまたがり，両者は緩やかにつながっている。そこで喃語だけにこだわらず，有意味な言葉も含めた多面的な赤ちゃんの言葉の世界を絵本の文と絵の両方に反映させることで，読者である赤ちゃんの反応をよりいっそう引き出すことができるのではと考えたのだ。

　絵本の文で取り上げる喃語は「まんまん」のみに限定した。なぜならば「まんまん」はユニバーサルな喃語として赤ちゃんの生活との結びつきが強く見出されるからだ。ロック（Locke, J. L.）によれば，乳児の喃語のパターンには言語環境の如何を問わず，かなりの類似性があり，15か国語の異なる言語間の調査において，［m］と［b］だけは，すべての言語に見られたという（Locke, 1983/ クリスタル, 1992, p.337）。つまり［m］は「まんまん」の子音に該当する。またヤコブソン（Jakobson, R.）も親呼称である「ママ」と「パパ」の世界的な共通性について，幼児の発達における喃語期に発せられる子音の特徴から，母親の呼称の多くが［m］の子音の形式に由来していることを述べている。その理由として，子どもが母親の胸や哺乳瓶をしゃぶる行為の発声，食欲の表明，食事や育児者を求める際の発声などに，［m］の子音に起因しているからだという（ヤコブソン, 2015）。なお［m］の子音は音声学では両唇鼻音と呼ばれ（小泉, 2003, p.26,63），唇を閉じ，声帯を振動させながら，鼻から息を出す発音である。これに［a］の母音が加わることで，口が開かれ「ママ」や「まんまん」の発音が可能になる[4]。実際に発音してみると，これらの語は哺乳の口の動きと近いことが実感できる。

　したがって私は「まんまん」を赤ちゃんに最も馴染みのある喃語と捉え，絵本の文の最初に置いた。そして「まんまん」を出発点に，赤ちゃん自身も絵本の言葉に反応し，模倣することができるように，喃語の音やリズムに近い有意味なオ

表 4.2 『まんまん ぱっ!』の構成

頁	機能	文	絵
1	動機①	まん　まん	もやもやした丸い個体
2〜3	展開①	ぱっ!	にっこりほほ笑んでいる太陽
4〜5	動機②	ぱいぱい　ぱいぱい	2つの大きくて丸いおっぱい
6〜7	展開②	ぐるぐるぐる〜ん	3つの渦巻き模様
8〜9	動機③	ころ ころ ころ ころ ころ ころ　ころ	転がる大小の玉
10〜11	展開③	ぽん ぽぽぽぽ ぽん!	弾む大小の音符
12〜13	動機④	ぱく ぱく ぱく ぱく	口を開け、玉を食べている丸い物体
14〜15	展開④-1	あわわわ わっ!	口を開け、叫んでいる手形の物体
16〜17	展開④-2	わああ〜〜〜〜〜	入り乱れる玉や音符と絡み合う曲線
18〜19	動機⑤	まん まん まん まん	2つのもやもやした個体
20	展開⑤	ぱっ!	にっこり微笑んでいる赤ちゃんの顔

ノマトペや幼児語を順に配置した。それらのほとんどは「ぱっ!」「ぱいぱい」「ぽんぽん」「ぱくぱく」「あわわわ」など，「まんまん」と口の動きを同じにする両唇音の種類の言葉である。さらに文の言葉を二組の対にし，ページをまたぎ，小さな動機と展開を繰り返す仕組みに構成し，絵本全体に動きのある流れを作った。すなわち「まんまん」（動機）→「ぱっ!」（展開），「ぱいぱい」（動機）→「ぐるぐるぐる〜ん」（展開）という具合で文が進む。表 4.2 は完成版の『まんまん ぱっ!』の構成として，文と絵の内容，そしてそれらの機能としての動機と展開を一覧にしたものである。

3．絵の内容：言葉のデフォルメ

　文の構成における動機と展開は，絵本に動きのある流れをもたらすだけでなく，意味や内容ももたらす。表 4.2 の各場面の絵の一覧がそれらに該当する。文の多くが有意味な言葉であるため，絵は言葉から連想される物や様子を描いているが，しかしながら，そこにデフォルメを施したり，抽象的な形や線などと混ぜ合わせたりすることで，絵の意味や内容を意図的に曖昧にし，多義的な解釈を可能にした。これも赤ちゃんの言葉の世界を反映し，言葉に対する感覚や想像力をできる

かぎり開かれたものにしたいためである。

　一方で赤ちゃんの視覚の特徴も絵に反映させている。絵の多くには太陽やおっぱい，渦巻き模様，玉，顔など円形や球形のものを多く取り入れている。これは新生児が同心円状のパターンを選好する傾向があるというファンツ（Fantz, R. L.）らの調査（ロシャ，2004，p.145）に基づき，赤ちゃんが好むとされる形状や模様を選んだためである。色についても赤ちゃんが認識しやすい三原色のうちの赤，黄色を多用している。

　『まんまん　ぱっ！』の完成版に沿って，絵の内容と私自身の意図を一部紹介する。冒頭のページは「まんまん」の喃語とともに，黄色とオレンジ色のもやもやした丸い個体の絵で始まる（図4.7）。「まんまん」が「ママ」を連想させることから，赤ちゃんがお母さんに抱かれている感覚をイメージした。そしてページをめくると，「ぱっ！」の言葉とともににっこりと微笑んでいる太陽の絵が現れる（図4.8）。「まんまん」が内に向かうイメージの響きであるのに対し，外に向かうイメージの響きの「ぱっ！」を対置させ，太陽を描くことで，内から外に向かうという展開を表現した。続く「ぱいぱい」と「ぐるぐるぐる～ん」の対のページでは，お母さんの大きくて丸いおっぱいの絵がカラフルな渦巻き模様の絵に変わり，回り出す。そして「ころ　ころ　ころ　ころ　ころ　ころ　ころ」と「ぽん　ぽぽぽぽ　ぽん！」の対のページでは，黄色，ピンク，赤，緑，青，水色など色取り取りの大小の玉が転がり（図4.9），ページをめくると，旗や棒のついた音符に変わり，音楽が響きわたる（図4.10）。このような動機と展開は「わああ～」という叫び声とカオスを描いた場面で頂点を迎え，最後は再び「まんまん　まんまん」「ぱっ！」の言葉に戻って終わる。

　これらの絵を長野ヒデ子が描くにあたり，私は各場面の対象の形や色を細かく指定したのだが，それ以上に絵から生命感と躍動感が溢れ出すように描いてもらうことにこだわった。例えばおっぱいの絵ではお母さんの顔は描かれていないが，赤ちゃんに授乳をするためのおっぱいとして描いてほしいこと，音楽が聴こえてくるように線や形や色彩などの表現に工夫をしてほしいことなど，かなり抽象的な要望であった。絵画の表現のための理論や技術を長野ヒデ子は明かすことがな

図 4.7 「まん まん」(p.1)

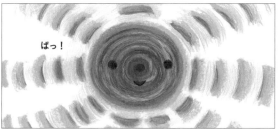

図 4.8 「ぱっ！」(pp.2-3)

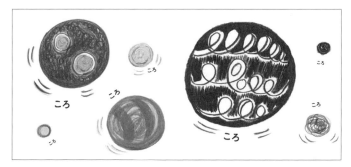

図 4.9 「ころ ころ ころ ころ ころ ころ ころ」(pp.8-9)

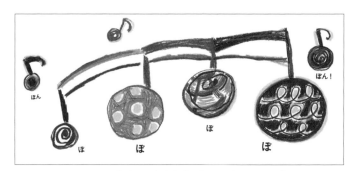

図 4.10 「ぽん ぽぽぽぽ ぽん！」(pp.10-11)

出所：図 4.7〜図 4.10 はいずれも『まんまん ぱっ！』（長野，2016）より。

いが，絵によっては，書き直しを重ねながら，要望に応えようと努めていた。結果的に互いに満足のいく絵本になったが，絵に対する画家の視点については，いずれ機会を改めて明らかにしたい。

4.『まんまん ぱっ！』の出版とその後

　私の赤ちゃん絵本はさまざまな苦労を経て，最終的に編集者を納得させることができ，2016 年に『まんまん ぱっ！』と題して出版された。出版前には保育園での試演も行い，赤ちゃんや子どもたちだけでなく，保育士さんたちからも幸い良い反応を得られた。この絵本には物語的な意味が存在するようで，存在しない。またはその逆であるかもしれない。そのような言葉と絵の持つ多義性を私は表現しようとし，その根底には音楽性とも呼べる赤ちゃんの生命と自由な感覚を絵本で伝えたい思いがある。この絵本が断片的であれ，赤ちゃんの琴線に触れることを願う。『まんまん ぱっ！』はその後，2021 年〜 2023 年度「ブックスタート赤ちゃん絵本」に選定された。[5]

【注】
1) 《Maulwerke（マウルヴェルケ）》とはドイツ語で「口達者」を意味する語であるが，本作品では口の（Maul）作品（Werke）として文字どおり解釈することも可能であろう。
2) 調音器官（articulator）は音声を作り出すために用いられる声門より上にある諸器官のことで，声道において気流を言語音声に変えるための調音器官による生理的な活動を調音（articulation）と呼んでいる（小泉，2003，p.30）。
3) 2003 年 9 月 16 日にベルリンで筆者がシュネーベルに行ったインタビューに基づく。
4) ただし「ま」や「マ」と一律に表記しても，単語によって厳密には母音の種類と発音が異なる。
5) NPO ブックスタートの絵本選考会議で選出された赤ちゃん絵本で，自治体が赤ちゃんに贈る絵本の候補となる。2021 〜 2023 年度は 30 タイトルを選出。（『NPO ブックスタート』ホームページ）

【引用・参考文献】
クリスタル，デイヴィッド著，風間喜代三・長谷川欣佑監訳　1992 「第 7 部 幼児の

言語習得」『言語学百科事典』大修館書店（原著，1987）

ヤコブソン，ロマン著，桑野隆・朝妻恵理子訳　2015　「なぜ「ママ」と「パパ」なのか」『ヤコブソン・セレクション』平凡社，333-345 頁

小泉保　2003　『改訂 音声学入門』大学書林

Locke, J.L. 1983 *Phonological Acquisition and Change*, New York, Academic Press.

松谷みよ子作，瀬川康男絵　1967　『いないいない ばあ』童心社

モーク，ヘルムート著，石井信生訳　2002　『就学前の子どもの音楽体験』大学教育出版，54 頁（原著，1964）

長野麻子作，長野ヒデ子絵　2011　『すっすっはっはっ　こ・きゅ・う』童心社

長野麻子作，長野ヒデ子絵　2016　『まんまん　ぱっ！』童心社

長野ヒデ子作　1993　『おかあさんがおかあさんになった日』童心社

長野ヒデ子作　1995　『せとうちたいこさん　デパートいきタイ』童心社

ロシャ，フィリップ著，板倉昭二・開一夫監訳　2004　『乳児の世界』ミネルヴァ書房（原著，2001）

坂井康子・岡林典子・山根直人・志村洋子　2012　「喃語のリズムの変化—生後 8 ヶ月，12 ヶ月，17 ヶ月の音声の比較から—」『甲南女子大学研究紀要』48，43-52 頁

谷川俊太郎　2015　『赤ちゃん・絵本・ことば（「子ども・社会を考える」講演会シリーズ Vol.1）』NPO ブックスタート編　NPO ブックスタート

谷川俊太郎作，元永定正絵　1977　『もこ もこもこ』文研出版

●推薦図書●

谷川俊太郎文　大竹伸朗絵　2009　『んぐまーま』クレヨンハウス
〈谷川俊太郎さんの「あかちゃんから絵本」〉シリーズの 1 冊で，谷川の「自分の中にいる子ども」が溢れんばかりに解放され，表現されている。この絵本の抽象的で不思議な魅力に満ちた言葉はまさに音楽的で，自由だ。大竹の絵とともに全身で受け止め，感じることが大切である。

●読者へのメッセージ●

絵本は想像力を掻き立て，感性を豊かにすることができます。また読み聞かせなどを通して，子どもと絵本で関わることは，読み手にも豊かな至福の時間をもたらします。絵本との出会いがより素晴らしいものになるように，言葉や絵の意味にばかりとらわれることなく，いろいろな絵本に触れてください。

第5章
乳幼児教育のための 3D プリンターによる触覚遊具の開発
—感覚の発達を促す幼児教育のためのツール考察—

藤田寿伸

第1節　本研究の概要

1．研究の目的

　幼児教育では発達に合わせた生活経験，実体験とコミュニケーションの広がりが重要である。言語を介した学習以前に，豊かな直接的体験と想像力を喚起するものごとに「触れる」ことで子どもの創造性は活性化される。しかし乳幼児の発達にとって「触れる」ことの大切さは周知されているにもかかわらず，教育の中で意図的・効果的に取り入れられているかといえば疑問が残る。

　本章は，後述するＩ百貨店の企画運営による，「触れる」遊びに注目したプログラムを取り入れた乳幼児発達親子教室の実践事例をもとに，その教育活動の意図と内容を振り返り，プログラムに適した遊具の開発手段として 3D プリンターがどのように導入されたか紹介する。また企画制作された遊具が幼児の遊びの中でどのような役割を果たしたか，レッスン事例の振り返りから 3D プリンターによる遊具の可能性と課題について考察を行う。

2．研究の構成

　本研究は乳幼児発達親子教室での遊具開発と導入の実践検証事例をもとにまとめられ，そのため問題設定に基づく先行研究調査と仮説の構築は実践後に遡行する形で行われた。

　以下に研究内容に基づく本章の構成を整理する。

第1節では本研究の目的および構成，研究上の倫理的配慮について述べる。

第2節では3Dプリンターの概要と遊具開発の意図について整理する。

第3節では教育における3Dプリンター活用の先行研究事例を調査する。

第4節では実践の舞台となった乳幼児発達親子教室について解説する。

第5節では3Dプリンターを用いて開発された遊具の遊びプログラムへの導入事例を取り上げる。

第6節では事例から乳幼児の反応を通した成果と課題を整理する。

第7節では本研究の結論をまとめ，研究の展望と課題について論じる。

3．研究における倫理的配慮

研究における倫理的配慮として，2021年の原論文発表にあたりI百貨店新宿店当該事業責任者（当時）に同事業を対象とした研究論文発表の許可を得た。また使用する写真画像については同事業の広報物製作に関連して肖像権許可を得ている保護者家庭のものを使用し，個人情報に関わる記述を避けた。

第2節　3Dプリンターによる遊具開発の意図

1．3Dプリンターとはどのような機械か

3Dプリンターとは，コンピュータで作成したデータを元に立体を造形する機器の総称である。初期の3Dプリンターは1980年代に開発され，2000年代までは企業や研究機関で使用される高価な機種が多く開発されていたが，2010年代に入り安価で個人が購入できる家庭用3Dプリンターが市場に投入されるようになり，利用者が増えている。

データをもとに立体物を造形するプリント方法には，液体樹脂に光を当てながら少しずつ硬化させる光造形方式，一定の温度で熱溶解させた樹脂を積み重ねる熱溶解積層造形方式，粉末状の材料に高出力レーザーを照射し焼結させる粉末焼結積層造形方式などがあり，現在家庭でも利用できる機能・価格のプリンターの多くは，熱溶解積層造形法によるものである。

造形に使用する材料は樹脂が一般的だが，より専門的な 3D プリンターでは金属や食物，セメントや陶芸用粘土などを使用できる機種もある。家庭用の熱溶解積層造形方式 3D プリンターには PLA（ポリ乳酸樹脂），ABS（アクリルニトリル，ブタジエン，スチロール共重合成樹脂）を使用するものが多い。

2．3D プリンターによる遊具の開発意図

　3D プリンターによる遊具の制作は，後述する乳幼児発達親子教室のレッスン教材開発のために検討実施された。レッスンではそれまで既製品の遊具やさまざまな素材（木材，布，アクリル樹脂，ゴム，スポンジなど）を取り寄せ，場合によっては外部の専門業者へ遊具制作を依頼してきた。教室内部でスタッフによって遊具制作を行うケースもあったが，スタッフは造形技術に長けた人ばかりではないため，アイディアはあっても実現できなかった遊具も多かった。

　3D プリンターの導入により，それまで調達が難しかったオリジナル樹脂製遊具を低コストかつ一定のクオリティで内製できる可能性の期待が開発の背景にあった。

3．3D プリンターは幼児の遊具製作に適しているか

　家庭用 3D プリンターで成形可能な素材は基本的に樹脂である。樹脂製遊具の利点は，自由な形状実現が容易で，軽く壊れにくく作ることが可能な点である。また大量生産による生産コストの軽減が容易で，多彩な色彩を遊具に与えることができる。布地や木材の遊具に比較して抗菌性に優れていることも大きな特徴といえる。樹脂の特性を活かすことで，他の素材では生産や普及が難しかった新しい遊具（例えば，レゴに代表される樹脂製ブロック遊具など）が生まれ，幼児の遊びの可能性を広げている。

　素材の安全性については，PLA 樹脂が植物性デンプンを原料とした生分解性をもつ素材であり，また成形後は一定の強度が保障されることから，素材面からの安全性が担保できることがわかった。

4．3Dプリンターによる具体的な遊具開発の流れ
(1) 3Dプリンターの選定と導入

　3Dプリンターは機器導入の2019年時点で国内外のメーカーから家庭用機種が10種類以上発売されており，価格や機能にも十万円以下の予算でいろいろな選択肢があることが調査によりわかった。3Dプリンター本体価格が十万円以下で，繰り返しの使用に耐える強度と制作精度があると評価されている機種を選んで協議し，熱溶解積層造形方式3Dプリンターを導入した。

(2) 3Dモデリングのためのプログラムの選定と導入

　3Dプリンター機器の購入と平行して，目的にあった遊具の3D立体データが作成できるコンピュータープログラムの選定が導入の重要なポイントとなった。3Dのデザインはこれまで建築や製造業，デザインなどの専門家にのみ必要とされる技能と考えられていたが，専門的知識がなければ設計ができないとなると教員や保育者による遊具開発は困難となり，3Dプリンターの教育への導入意義が半減する。

　近年では小学生年齢からのデジタル教育の必要性が論じられるようになり，子どものための教育用コンピュータや教育用プログラムが開発されていることがわかった。教育用に開発されたプログラムの多くは無償で利用できるものとなっており，操作説明についても各国語対応の補完プログラムが用意されているものがあった。その中でもAutodesk社が無料で提供する3D立体データ作成プログラム「Tinkercad」[1](図5.1)は，児童を対象とした学習用アプリケーションで，ソフトウェアをコンピュータにインストールする必要がなく，コンピュータの基本ソフトウェア(OS)やデバイスに関係なくインターネットを閲覧するウェブブラウザを介して立体データを作成することができる。

　作成した立体データは互換性のあるデータ形式でPCなどに保存し，さらに3Dプリンターメーカーが提供している専用ソフトウェアで最適な状態に調整してからリムーバブル(USB)メモリを介して3Dプリンターに入力される。

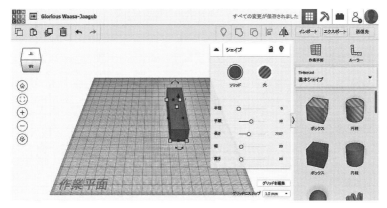

図 5.1　3D 造形ソフト「Tinkercad」操作画面

第3節　3D プリンターの教育利用に関する先行研究調査

　本章の執筆にあたって，あらためて 3D プリンターを幼児教育の実践活動に活用する先行研究事例について調査を行った（表 5.1）。検索エンジンの選択およびキーワードの設定によって先行研究資料のヒット数に差が現れているが，日本語の学術論文に特化した検索データベースである CiNii と J-Stage からは，幼児教育に関連する 3D プリンター利用の研究が今日までごくわずかしか発表されていないことがわかる。

　2023 年 1 月時点で確認された国内の先行研究として，石上（2020）の実践研究

表 5.1　幼児教育と 3D プリンターに関する研究論文資料のネット検索調査

国内先行研究論文調査	CiNii	J-Stage	Google Scholar
検索キーワード「教育，3D プリンター」	498 件	789 件	約 3,880 件
検索キーワード「幼児教育，3D プリンター」	1 件	5 件	165 件
海外先行研究論文調査			Google Scholar
検索キーワード「early childhood education 3d printing」			約 17,800 件

（閲覧日：2023 年 1 月 9 日）

論文「幼児の美術・造形活動を支援する デジタルファブリケーションを活用した教材の研究」を挙げることができる。

　海外の先行研究では，障害児教育における 3D プリンター利用の研究事例数が多く確認されるほか，「FAB ラボ」「メイカーズスペース」といった自由な発想によるもの作り活動を支援する教育環境の実践研究において 3D プリンター利用が盛んに取り上げられていることがわかった。

　以上の調査の結論として，幼児の教育実践に 3D プリンターを活用した事例は，特に国内では現時点で非常に少ないことがわかった。

　しかし「研究事例がないこと＝子どものための 3D プリンター利用が国内で実践されていない」のかというと，必ずしもそうとはいえない。インターネット上に公開された子育て世代のテクニカルライターによる記事「子供のいる家庭に3D プリンタを導入したら毎日が充実してきた」(石川，2017) は，本研究の準備段階で筆者が参考とした資料の一つである。記事は自宅に 3D プリンターを導入し，我が子と共同して日々の遊び道具を「3D プリンターで手づくりする」面白さについて詳しく紹介している。

第 4 節　乳幼児発達親子教室について

1．乳幼児発達親子教室「ここちの森」について

　本節で取り上げる実践事例は，2015 年から 2020 年まで I 百貨店新宿店が企画展開した乳幼児向け教育サービス事業である。同事業は同新宿子供営業部内で企画され，内容の見直しを経て生後 6 ヵ月から 6 歳までの乳幼児を対象主体に「触れる」遊び体験を提供する親子教室「ここちの森」となった。[2]

　同事業の企画監修にはミュージアム・エデュケーター会田大也 (YCAM 山口情報芸術センター学芸普及課長)，触覚研究者仲谷正史 (慶應義塾大学環境情報学部准教授)，発達科学研究者島谷康司 (広島大学教授) らが関わり，専任スタッフが各種レッスンプログラム内容を企画・実施した。

　同教室は乳幼児預かりサービスとは異なり親子で参加する活動プログラムで，

45分のレッスン（遊び）を進行する2名以上のファシリテーターによって少人数制（1回のレッスンにつき最大6組）で子どもの興味に寄り添い「触る」ことを中心とした感覚遊びを行いながら「レッスン中の具体的な能力獲得を目指さない」というものだった。同教室プログラムに参加する家族は年間200組を超え，うち回数券利用によるリピーターは約半数であった。

2．教室のプログラムとねらい

「ここちの森」は事業開始以来試行錯誤を経て，最終的に6つのテーマをもとに合計12のプログラムを各2週間ずつレッスンプログラムとして提供するものとなった。6つのテーマは，集中型の遊びを中心とした「カチッとピタッとの森」「おととひかりの森」「ぐにゃぐにゃの森」，発散型の遊びを中心とした「ふんわりの森」「でこぼこの森」「からだの森」と名付けられ，それぞれ前編・後編として同テーマで異なるプログラムを提供した。全プログラムに共通したテーマが「触覚遊びを通じて感覚発達を促す」ことであった。

第5節　3Dプリンターによる遊具の遊びへの導入

1．触覚ブロック製作とレッスンプログラムへの導入

3Dプリンターによる遊具導入の第一段階では，レッスン「でこぼこの森」の一要素として，異素材の立方体ブロックを使った積み木遊びに3Dプリンターで製作したブロック約15個を用いた（表5.2）。

製作した遊具は遊びの中の一要素として，他のブロック遊具とともに活動（感覚体験遊びレッスン）の流れの中で一部に使用するものだが（図5.2），遊び活動全体を俯瞰したうえでの発見として，他のブロックとの素材感，触感の違いが明確に感じられたことに加え，たまたま赤色の樹脂を使用したことで樹脂ブロックだけ色が明確であったことから，他のブロックとの違いに興味を示す乳幼児が多かったことがあげられる。

なお，数ヶ月後に同プログラムのレッスンを再実施した際に樹脂を木材色に近

表5.2 「でこぼこの森」レッスンスクリプト

項目	内容	演出	使用ツール	言葉がけ（説明），動き	備考
導入	触探索行動			子どもは目で見て手を伸ばし触ったり口に入れたりして"もの"に関する色々な情報を確かめています。	今日は色々な素材やかたちでできたブロックを触って，素材の違いを確かめたり，かたちのもつ機能を確かめていきます。
いろいろブロック	ブロックあそび	・転がしたり積み上げたり	・黒檀 ・桜の木 ・合皮を貼った木製ブロック ・樹脂（3D） ・アクリル ・ゴム ・コルク ・アルミ ・丸ブロック ・多面体ブロック	このブロックは全て同じかたちですが，木や金属など，それぞれが違う素材で出来ているため，重さや硬さ，触った時の温度も少しずつ違います。それぞれを触り比べて違いを確かめてみましょう。円柱ブロックは縦にすると積めますが，横にすると転がってしまいます。	ファシリテーターが遊ぶことによって，子ども達の遊びを誘発し，リードする。

出所：部分・「ここちの森」スタッフ（2019）

図5.2 3Dプリンターによる触覚ブロック遊具

出所：筆者撮影

いものに変えて再製作しレッスンに導入したところ，一部の子どもが視覚的に大きな差のない異素材のブロックを組み合わせて遊びながら，感触や重さの違いに気づく様子が観察された。

　遊びの実践における反省点は，ブロック遊具の基本的な遊び方としての並べる・

積み上げる遊びを十分に展開して楽しむには準備したブロックの数量が十分ではなかった。またブロックの内部が中空になっていることから，ブロックの放り投げによる接触が怪我に繋がりにくい安全上の利点がある一方，ブロックが軽いために積んでも崩れやすいという問題があった。

　総括として，3D プリンターによるブロック遊具を，いろいろなブロック遊具の一要素，特に実験的遊具と位置づけ，「触り心地の違ういろいろなブロックの見本」として導入することはレッスンの趣旨にかなっていたといえる。

２．転がす遊具製作と遊びへの導入

　次に，「でこぼこの森」後編プログラムでは，異なる形状，遊び方のできる遊具を製作して遊びに導入した。空間感覚や高低差の感覚認知，斜面とバランスの感覚を体験しながら遊ぶレッスンプログラムに合わせて，表面に異なる突起などを施したボール型遊具（直径約 6 センチ）を数種類製作し，積層段ボールの坂道で転がす遊びを行った。ボールの表面に突起を施したボールと，凹面の溝のついたボールを数個ずつ坂道で転がしてみると，ボール表面の形状によって転がる早さに変化が生まれ，3 歳以上の幼児は表面形状と速度の違いに気づくことが多かった（図 5.3）。

図 5.3　3D プリンターによる触覚ボール遊具

出所：筆者撮影

第6節　遊具を用いた遊びにおける幼児の反応と課題の発見

　3Dプリンターによる遊具製作と乳幼児発達親子教室レッスンプログラムへの導入では，既存の木製遊具（積み木など）と同じ大きさだが表面の凹凸など触り心地や細かな形状の違う遊具を樹脂で製作して他の遊具の中に混ぜたことで，乳幼児が異なる素材感，触感，重量感など遊びながら比較する経験を提供できた。3Dプリンターによる遊具の特徴が活かされるという意味でも，既存の素材による遊具と組み合わせた遊びは，乳幼児の感覚発達に新たな刺激を与えることができる。3Dプリンターによる樹脂製遊具の開発と利用は既存遊具の置き換え手法としてではなく，従来の遊具だけで実現しにくい，遊具での遊びの中で多様な感覚体験の広がりを提案する手法の一つと捉えることができる。

　実践事例の観察によって，特に乳児に対しては特別な形状や視覚的に奇抜な遊具よりも単純な形状の中に触覚的な差異がある遊具によく反応し，自主的な組み合わせ遊びが誘発されることがわかった。また同じ形状のものなど組み合わせ，はめこみ遊びを誘発するものにも反応が多く見られた。

1．触覚と視覚（色彩・形状）の関係

　3Dプリンターによる樹脂製遊具は，表面形状の設計によって触感の違いをデザインすることができる。ただし熱溶解積層造形方式では成形された遊具の表面に細かい筋状の成形跡が残るため，金型成形の樹脂製遊具のように表面を完全に平滑にする，あるいは粒状の表面加工（梨地）を施すなどの処理は難しい。指先の繊細な感覚に訴えかける造形を目指すには，3Dプリンターの性能向上を待つ必要がある。一方，ある程度の大きさの凹凸や嵌合する形状の設計は容易である。触感の表現については素材由来の表現と造形由来の表現があるので，現時点で3Dプリンターによる遊具開発では後者に特化した形でデザインを検討することで効果が高まるが，塗装を含む安全性の高い表面処理を組み合わせることができれば，微細な触感のデザインの可能性も期待できる。

3D プリンターは触覚を重視した遊具開発の可能性を広げるツールと考えられるが，実践により樹脂の色の選択が遊びの大きな要素となることもわかった。

子どもたちは視覚を含む多様な感覚を使って感じながら遊ぼうとする。特に視覚による訴求力は月齢とともに大きくなるので，遊具の造形以上に色彩が注意を喚起することは自然な現象といえる。色彩の持つ訴求力の強さをどのように活かすか，同じ形状の遊具に多彩なカラーバリエーションがあることから子どもの興味が喚起される可能性についても，今後の実験検証が必要であろう。

2．3D プリンター遊具のもつ長所・短所の比較

3D プリンターの登場以前，専門家（や工場）以外で樹脂を素材とした遊具を自由に設計し製作することは事実上不可能だったが，現時点では周知されていないものの，今後教育現場と連携して遊具を作る際に樹脂素材の可能性が加味されたことは状況の大きな変化といえる。

遊具開発における 3D プリンターの長所は，安全性，一定の量産性を担保しながら形と大きさが自由に設定できることである。乳幼児の発達は個人差が大きいだけでなく個人の成長も速い。幼児玩具や遊具が，汎用性の高い特徴のないものとプレゼント向きの高価で美麗なものに二極化しがちな実態は，技術的・商業的事情が遊具を扱う子どもの状況に対応しきれないことに理由があると考えられる。このような乳幼児の発達段階にそって最も適した遊具の選択肢が不足している問題に対する一つの解決の手段として，3D プリンターを用いることで「状況にもっとも適した遊具を作って遊ぶ」という可能性が広がる。

立体データが保存されることでデザインや寸法の修正や複製が容易であることも，少量生産に適した 3D プリンターの強みである。出力に使用する樹脂素材（フィラメント）には色のバリエーションがあるので，同形の遊具を色違いに製作することが容易で，フィラメントは 1 キログラム 2000 円前後から購入可能なので（例えば 4 センチ立法のブロック制作に必要な樹脂は 20 グラム程度），製作コスト面の負担は少ない。

一方，現時点で 3D プリンターのもつ課題の認識もまた重要である。3D プリ

ンターは「無条件に何でも作れる魔法の道具」ではない。また，保育者が遊具を「選んで購入する」のでなく，自身の責任において「作る」ためのツールであることを忘れてはならない。したがって保育のどのような場面に合わせてどのような遊具を，3Dプリンターを活用して作るべきか，遊びや教育の目的と方法によって遊具に求められる条件を精査しながら他の遊具との比較によって明らかにすべきであろう。また，自由な大きさと形状が設計可能とはいえ誤飲や事故を誘発するリスクのある遊具が不用意にできてしまうことがないように細心の注意が必要である。不必要な場面に3Dプリンターによる遊具を導入することで「新しい教育を行っている」と勘違いする危険にも注意が必要である。ツールは目的達成のための一手段にすぎないことを踏まえて選択を行うことが求められる。

３．遊具が誘発する触覚体験と遊びのインクルージョン

　同じ形と大きさでありながら，「もてあそび」によって感覚的な違いを楽しめる遊具を作るツールとして，3Dプリンターの活用が期待できるだろう。

　3D-CADによって，あるいは立体スキャンによって（すでに家庭で使用可能な立体スキャナーが製品化されている）あらゆる形状のコピーが容易にできるというツールの特性を活かせば，子どもの興味関心や発達の状況に合わせた遊具が遊びの現場で作り出せる可能性を秘めている。

　2020年時点で日本では目や耳が不自由な子どもでも楽しめるおもちゃ「共遊玩具」誕生から30年を迎え，これまで発売された玩具は累計4000点以上，玩具メーカー18社が協力し毎年約150商品が売り出されているという。[3] 障害の有無にかかわらず乳幼児の発達の個人差に対して必要に応じて，遊具の大きさ・形状などを現場に近いところで微調整できれば，遊びのバリアフリー化を広げることができる。

　レッスンの中で子どもの遊具として調理用シリコンヘラを使用する際，既製品のシリコンヘラの柄は大人の手に合わせて作られているため使いにくいという問題があった。しかしこの問題は，シリコンのヘラ部分と柄の部分が外せることから3Dプリンターで乳幼児の手になじむ大きさの柄を作ることで解決された（図5.4）。

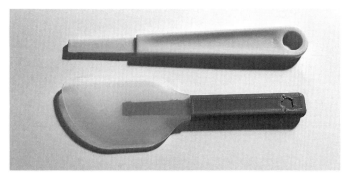

図5.4　3Dプリンターによるシリコンヘラ遊具の改良

出所：筆者撮影

標準化された遊具の持つ役割はそれとして尊重される必要があるが，標準化が生み出すギャップを埋めるツールとしての3Dプリンターの役割には期待が持てる。

第7節　展望と今後の課題

　3Dプリンターの利用によって既存遊具の利用だけでは得られにくい多様な触覚経験を広げることの可能性は「ここちの森」での実践によって証明された。

　2023年の時点で，3Dプリンターは一般家庭で気軽に購入されるツールというより一部の好事家の「おもちゃ」とみられる傾向がある。しかし手頃な価格で必要十分な性能を持った機種が市場に登場してきたことから日本国内でも少しずつ一般人の3Dプリンター利用の機会が増えていることがインターネット上の調査から伺われる。小中学校でも今後はICT教育推進とともに3Dプリンター普及も可能性が広がっている。一方，乳幼児教育の現場は一般的にIT化が緩慢な傾向が強いが，時代に即した機器導入によって保育業務の効率化や，感覚発達に注目した教育の充実発展が期待される。

　今後の研究課題としては，以下の内容が考えられるだろう。
　　・既存素材遊具の置き換えでなく，遊びの可能性を広げる活用法の研究
　　・実験応用性，安全性の研究

・教材メーカー，FAB スペースと保育施設の連携の可能性研究

【謝辞】

　伊勢丹新宿子供営業部ココイク事業関係者各位と「ここちの森」企画監修に関わった合同会社ペーパーの諸氏，株式会社子育て支援の熊野英一氏，「ここちの森」ファシリテーター榎本稔，加藤雄大，宮川紗織，吉留明日香の各氏に御礼申し上げます。

【付記】

　本章は 2020 年に教育文化学会「教育文化研究」紀要第 9 号に発表した研究論文（藤田，2021）（題目同じ）をもとに内容を整理したものである。

【注】

1) AUTODESK Tinkercad, https://www.tinkercad.com/（閲覧日：2020 年 6 月 10 日）
2)「百貨店が挑む，未来を担う子ども向けの新事業 cocoiku（ココイク）」，https://ncdc.co.jp/cases/437/（閲覧日：2020 年 6 月 16 日）
3)「障害配慮の共有玩具，誕生 30 年」東京新聞, https://www.tokyo-np.co.jp/article/33853（閲覧日：2020 年 6 月 10 日）

【引用・参考文献】

藤田寿伸　2021　「乳幼児教育のための 3D プリンターによる触覚遊具の開発」『教育文化学会　教育文化学会紀要』第 9 号，1-16 頁
石上洋明　2020　「幼児の美術・造形活動を支援する　デジタルファブリケーションを活用した教材の研究」『福岡教育大学紀要』第 69 巻，1-7 頁
石川大樹　2017　「子供のいる家庭に 3D プリンタを導入したら毎日が充実してきた」『ソレドコ』(2017-06-29)，https://srdk.rakuten.jp/entry/2017/06/29/110000（閲覧日：2023 年 1 月 7 日）
仲谷正史・筧康明・白土寛和　2011　『触覚をつくる（岩波科学ライブラリー 187）』岩波書店

------ ● 推薦図書 ● ------

Sylvia Libow Martinez, Gary Stager 著，阿部和広監修，酒匂寛訳　2015　『作ることで学ぶ—Maker を育てる新しい教育のメソッド』オライリー・ジャパン
　教育への ICT 導入が必須の時代に，テクノロジーを楽しく創造的な学びに活用する考え方と実践事例が豊富に紹介された一冊。機械や科学技術をおもちゃに

して「いじくりまわす（ティンカリングする）」ことから「主体的な学び」への道が開ける。「理科系が苦手」な人にこそ，新しいテクノロジーが遊びと学びの可能性を広げてくれる。

●読者へのメッセージ●

知らないことやできないことこそ大学で学ぶ価値があります。自分の可能性と興味・関心を広げてみましょう。

第6章
家庭科における食教育の内容と課題
—小学校家庭科教科書の記載を中心に—

近藤清華

第1節　研究の背景と目的

1．学校教育における「食」の位置づけ

　2005（平成17）年6月に「食育基本法」が公布され，食育を，「生きる上での基本であって，知育，徳育及び体育の基礎となるべきもの」と位置づけ，特に子どもに対する食育を重視するとともに，その推進のために教育関係者の取り組みが強く期待されている。「食育」という言葉は，教育機関のみならず広く用いられるようになっているが，学校教育の中で，食に関する学びは，小学校高学年より学ぶ「家庭科」の授業において継続的に行われてきた。

　2017（平成29）年には，小学校，中学校および特別支援学校（小学部・中学部）の学習指導要領の改訂が行われ，2008（平成20）年に続き総則において「学校における食育の推進」が明確に位置づけられている。また，食育について，体育科（保健体育科），家庭科（技術・家庭科）および特別活動はもとより，それ以外の各教科等でもそれぞれの特質に応じて適切に行うこととされ，学校の教育活動全体を通じて食育を推進することがより明確に示された。この他，新たに学校運営上の留意事項として，教育課程の編成および実施に当たっては，食に関する指導の全体計画を含めた各分野における学校の全体計画等と関連づけながら，効果的な指導を行うことが示された。また，2018（平成30）年には，高等学校および特別支援学校（高等部）の学習指導要領の改訂が行われ，小学校・中学校と同様に食育を推進することが示された。

2．研究の目的と方法

　本研究では，小学校家庭科における食教育の特に調理実習を中心に，食教育に関する歴史的変遷を整理し，時代背景と指導内容との関連から，現代，求められている内容が家庭科の教科書にどのように掲載されているのかを分析する。

　2017（平成29）年告示の「小学校学習指導要領 家庭」と小学校家庭科教科書の記載から，家庭科における食の学びの中の調理実習に着目して，家庭科の基礎を培う小学校の内容を整理，検討することから，今後の調理実習の在り方を考えたい。

　2020（令和2）年発行の小学校家庭科教科書を資料として調理実習の現状を明らかにする。現在，小学校において使用されている教科書は2社あり，第5，6学年合わせて1冊である。この2社の教科書から，調理実習の題材について分析する。調理実習においては，小学校学習指導要領家庭では，一部の題材を指定するということにとどめているため，教科書2社の調理実習に関する取り扱いがどのように示されているのかを分析することにより，小・中・高等学校の連携の基礎となる内容となっているのか否かを検討する。

第2節　小学校家庭科における食教育の変遷
―小学校学習指導要領 家庭からみた「食」の内容

　家庭科は1947（昭和22）年に新教育制度が発足したことにより，教科として創設された。

　1947（昭和22）年告示の「学習指導要領 家庭科編（試案）」において，家庭生活の重要さを認識するために，第5・6学年で男女共に学ぶことが記されたが，男女では学習内容が異なっていた。食に関する内容としては，食事の支度や食品に興味を持ち，進んでこれを研究する態度を育成することとし，調理食材についての具体的な内容は示されなかった。

　1951（昭和26）年には「学習指導要領一般編」が改訂されたが，小学校家庭科の改訂は見送られつつも，幼稚園から小学校5・6年生までを対象とした「小学

校における家庭生活指導の手引」が出され，小学校5・6年生で家庭科を学ぶこ
とは従来通りとされた。

　1956（昭和31）年告示の「小学校学習指導要領　家庭科編」には，（試案）の文字
がなくなり，以後，学習指導要領となった。内容は，「家族関係」「生活管理」「被
服」「食物」「住居」の5つの内容に整理され，男女異教材が改められた。これに
基づき，小学校家庭科の教科書は，1956（昭和31）年版が初めての教科書となる。
内容は，「小学校における家庭生活指導の手引」に準じて作られたものであった。
食に関する内容としては，食事の支度や食品に興味を持つとされていた1947（昭
和22）年の試案からは大きく変わり，栄養，食事のしたくとあとかたづけ，マナー
として食事のしかたに関する内容が記載された。調理食材についての具体的な内
容は示されなかったが，日常の簡単な調理ができるとしている。

　1958（昭和33）年告示の「小学校学習指導要領　家庭」から，現在の学習指導要
領に近い表記の仕方となった。衣食住などの生活技術を中心に学習させる教科と
され，「A 被服」「B 食物」「C すまい」「D 家庭」の4つの領域の教育内容となり，
1956（昭和31）年に示された，「生活管理」に関する内容は「家庭」に含まれるか
たちとなった。各学年の目標として，第5学年，第6学年と別々に示され，各学
年での指導内容が分けられた。食に関する内容としては，食事のしたくとあとか
たづけ，栄養，食事マナー，調理実習が中心であり，取り扱う調理の食材につい
ては，野菜の生食，ゆで卵，青菜の油いため，お茶，お菓子，果物を第5学年で
扱い，第6学年では，簡単な日常食としての調理とし，ごはん，みそしる，目玉
焼き，こふきいも，サンドイッチなどとしている。

　1968（昭和43）年告示の「小学校学習指導要領　家庭」では，1958（昭和33）年
と同じく，「A 被服」「B 食物」「C すまい」「D 家庭」の4つの領域の教育内容
であり，食に関する内容もほぼ同様ではあったが，栄養，食事マナー，調理実習
に整理され，食事のしたくとあとかたづけは，調理の過程として扱われることと
なった。また，材料の購入時期等，食材の保管についての内容が削除されている。
このことは，各家庭に冷蔵庫や炊飯器等が普及したことにより，食材の腐敗等が
少なくなったからだと考えられる。

1977 (昭和 52) 年告示の「小学校学習指導要領 家庭」では，実践的・体験的な学習内容が重視されたことにより，内容の精選が行われ，「A 被服」「B 食物」「C 住居と家族」の 3 つの領域の教育内容となり，すまいと家庭が統合された。その背景には，家族の生活と関連させて，住居の内容を扱い，家庭科が実践的・体験的な学習を行う教科であるということを一層明確にすることと，指導内容を整理・統合し，基礎的・基本的なことに精選されたことがある。食の内容としては，栄養に関するものの一部，また，身じたくや配膳，あとかたづけという文言が削除された。取り扱う調理の食品については，概ね変わりがないが，青菜を緑黄色野菜，こふきいもをじゃがいも料理と記載し，指導内容に幅を持たせたことが分かり，全体として，知識や技能の習得に重きが置かれた。

1989 (平成元) 年告示の「小学校学習指導要領 家庭」では，実践的・体験的な学習であることは変わらず，家族や家庭生活に関する内容，消費者教育においても重視され，学んだ内容を日常生活で活かせるような内容に変わっている。また，「A 被服」「B 食物」「C 家庭生活と住居」の 3 つの領域の教育内容となり，「住居と家族」から「家庭生活と住居」となり，家庭生活を中心とした住まい方という捉え方が強調された。食に関する内容としては，調理での具体的な料理例が，野菜や卵を使った調理に変更され，魚や肉の加工品を使った料理が追加された。このことは，食品の加工技術の進歩とともに，家庭での食の在り方の変化が反映されたと考えられる。

1998 (平成 10) 年告示の「小学校学習指導要領 家庭」では，ゆとり教育が開始された。また，今まで示されていた領域別の教育内容の提示をやめ，「(1) 家庭生活と家族」「(2) 衣服への関心」「(3) 生活の役立つ物の製作」「(4) 食事への関心」「(5) 簡単な調理」「(6) すまい方への関心」「(7) 物や金銭の使い方と買い物」「(8) 家庭生活の工夫」の 8 つの内容で示された。さらに，学年ごとに示された目標は，2 学年を通じて学校や地域の実情に合わせて指導計画を立てやすいようになった。食に関する内容としては，栄養素とその働きについての学習が中学校に移行し，具体的な調理として，米飯とみそ汁以外は，ゆでたり，いためたりしての調理という記載になり，具体的な料理名の提示はなくなった。

2008（平成20）年告示の「小学校学習指導要領　家庭」では，再び領域別の教育内容で示されるようになった。「A 家庭生活と家族」「B 日常の食事と調理の基礎」「C 快適な衣服と住まい」「D 身近な消費生活と環境」の４つの内容である。衣服と住まいが同じ領域内容となり，これは，環境をつくるという観点から同じ領域となった。また，消費生活と環境が独立した領域として示されたのは初めてである。４つの内容になったねらいとしては，小・中学校の接続をスムーズにする意図がある。食育という言葉が広まり，食生活に関心が高まる中で，衣食住の「食」の扱いが突出して重要視されている。1998（平成10）年以来，被服製作や調理実習での指定題材がなくなり，米飯とみそ汁のみが必須として扱われている。食に関する内容においては，栄養素とその働き，会食に関する内容が中学校へ移行したが，2008（平成20）年の改訂で，栄養素とその働きについては小学校の内容に戻されている。

　2017（平成29）年告示の「小学校学習指導要領　家庭」では，小・中・高等学校の内容の系統性を明確化している。児童・生徒の発達を踏まえて，小・中学校においては，「A 家族・家庭生活」「B 衣食住の生活」「C 消費生活と環境」に関する３つの枠組みに整理された。食育の推進に関する内容の充実として，生活や学習の基盤となる食育を一層推進するために，「B 衣食住の生活」の食生活に関する内容を中学校との系統性を図り，食事の役割，調理の基礎，栄養を考えた食事で構成し，基礎的・基本的な知識及び技能を確実に習得できるようにしている。さらに，日本の生活文化に関する内容の充実として，グローバル化に対応し，日本の生活文化の大切さに気づくことができるようにするために，「B 衣食住の生活」においては，和食の基本となるだしの役割や季節に合わせた着方や住まい方など，日本の伝統的な生活について扱うこととしている。

　調理に関する内容は，一部の題材の指定として，加熱操作が適切にできるようにするために，ゆでる材料として青菜やじゃがいもなどを扱うこととしている。

　以上，小学校家庭科の学習指導要領の変遷をまとめたが，食に関わる内容が削除されたことはなく，時代や社会の変化とともに多少の内容の変化はあるものの，どの時代においても重要とされたことが分かる。なかでも，食育基本法が公布さ

れた2005（平成17）年以降にあたる2008（平成20）年では，小学校家庭科におい
て食に関する内容の重要性が強調されている。家庭科の調理実習の題材指定にお
いては，米飯とみそ汁以外に具体的な調理名が記された時代もあるが，近年では，
必ず取り扱うべき指定題材はなくなっていた。しかし，2017（平成29）年では再び，
一部の題材の指定として，ゆでる材料として青菜やじゃがいも，米飯およびみそ
汁の調理とし，そこに，伝統的な食文化の大切さについても扱うこととしている。
　そのため，小学校家庭科においては，中学校・高等学校の基盤を身につけ，日
本の生活文化として，和食の基礎を中心とした調理技能の習得が重要であるとい
える。

第3節　小学校家庭科教科書の食の「調理実習」に関する内容

1．小学校家庭科の指導内容の概要

　2017（平成29）年告示の「小学校学習指導要領 家庭」は，「A 家族・家庭生
活」「B 衣食住の生活」「C 消費生活・環境」の3つの内容からなり，「食生活」
の内容は「B 衣食住の生活」の「(1) 食事の役割」「(2) 調理の基礎」「(3) 栄養
を考えた食事」の3項目で構成されている。ここでは，課題をもって，健康・安
全で豊かな食生活に向けて考え，工夫する活動を通して，食事の役割，調理の基
礎，栄養を考えた食事に関する知識及び技能を身につけ，食生活の課題を解決す
る力を養い，食生活をよりよくしようと工夫する実践的な態度を育成することを
ねらいとしている。調理実習に関する内容は「(2) 調理の基礎」である。

　小学校家庭科の歴史の中で示されてきた調理実習に関する指定題材には，米飯，
みそ汁，野菜，いも類，卵等があり，1989（平成元）年の「小学校学習指導要領
家庭」より，魚や肉の加工品を使った料理が追加された。調理方法としてはゆで
る調理，いためる調理を中心とした加熱操作が適切にできることが求められてい
る。

2. 調理実習における具体的内容

調理実習題材と食材一覧を表 6.1，表 6.2 に示す。

小学校家庭科教科書 2 社を T 社と K 社とし，調理に関する内容が掲載されている順に，目次やトピック，料理名や調理方法，材料・手順の掲載，食材を示している。

調理の内容については，平易なものから段階的に題材を発展させながら定着させることが必要であり，調理に必要な材料の分量や手順を考えて調理の計画を立て，ゆでたり，いためたりして簡単なおかずを作ったり，米飯およびみそ汁を作る学習により，2 年間を通して一食分の食事が整えられるようにする。さらに，調理の実習題材については，基礎的・基本的な知識および技能の確実な習得を図るために，ゆで方については，一部の題材を指定し，青菜やじゃがいもなどを扱うようにする。

小学校学習指導要領家庭では，調理に用いる食品については，日常生活で手に入りやすく，調理の基礎的事項を学ぶうえで適切な食品として，米，野菜，いも類，卵などを扱うことが考えられるとしている。

(1) 調理実習の題材

米飯，みそ汁以外の調理に関して，ゆでる調理，いためる調理を掲載し，材料においては，基本的に一人分の分量が示されている。また材料の紹介はあるものの分量がないものもあり，料理名の紹介のみのものも多くある。また，T 社の教科書では，写真のみの掲載とし，材料の紹介がないものもあった。調理例のうち，調理手順においても，2 社の教科書ともに掲載されているのは全体の半分弱となっている。

K 社の教科書には，全部で 41 の調理例が示されており，材料と手順が記載されているのが 18 件，写真と材料のみの紹介が 23 件であった。T 社では，全部で 28 件の調理例が示されており，材料と手順が記載されているのが 12 件，材料の紹介がなく，写真のみが 5 件であり，全体の調理例については K 社のほうが多いことが分かった。

また，材料については一人分の分量の記載となっており，K社の白玉だんごのみ，作りやすい量となっている。

　調理方法については，ゆでる調理，いためる調理のどちらかに該当するものが多く，ゆでる，いためるに加え，焼く，煮るという調理方法を加えている例もあった。

　K社はゆでる調理が23件，いためる調理が17件，ゆでるといためるを両方行う調理が1件であった。T社はゆでる調理が16件，いためる調理が14件，ゆでるといためるを両方行う調理が4件であった。2社ともこれらの調理に加え，米飯とみそ汁づくりが加わる。

(2) いも類の調理

　いも類として，じゃがいも，さつまいもが取り上げられている。

　K社では，ゆでいも，粉ふきいも，具だくさんオムレツ，ツナポテトハンバーグ，たっぷり野菜のポテトサラダ，ジャーマンポテト，目玉焼きにじゃがいもを添えている例がある。サイコロサラダのみ，さつまいもを使用している。

　T社では，ゆでいも，コンビーフハッシュ，野菜スープ，ベーコンポテトの4つの調理例を示している。

　ゆでいもに関しては，K社が丸ごとゆでて冷ましてから皮をむいているのに対し，T社は，皮をむいてからゆでており，工程に若干の違いがみられる。また皮をむく場合，いもの変色を防ぐために水につけることにも言及している。

(3) 卵の調理

　卵の調理については，ゆでる調理，いためる調理を基本として，アレンジしたものも多く取り上げている。

　K社では，卵のゆで方，ゆで卵サンド，スクランブルエッグ，卵焼き，目玉焼きとゆで野菜，お弁当のいり卵，具入りスクランブルエッグ，具だくさんオムレツ，目玉焼きの調理例を示している。

　T社では，スクランブルエッグ，ちくわのピカタ，ゆで卵のサラダ，具だくさ

表6.1　小学校家庭科教科書「K社」に

目次・トピック	調理名	調理法			材料	手順
		ゆでる	いためる	その他		
ゆでる調理	緑茶	○			○	○
	青菜のおひたし	○			○	○
	ゆでいも	○			○	○
	卵のゆでかた	○			○	○
	カラフルゆで野菜サラダ	○			○	○
	ゆでキャベツの塩こんぶあえ	○			○	○
	こまつなのごまあえ	○			○	○
	ねぎのすみそあえ	○			○	○
チャレンジ	ゆで卵サンド	○			△	×
	粉ふきいも	○			△	×
	そうめん	○			△	×
おやつ団らん	白玉だんご	○			作りやすい量	
いためる調理	三色野菜炒め		○		○	○
	スクランブルエッグ		○		○	○
朝食の主食とおかず（主菜・副菜）の組み合わせ	青菜とハムの油いため		○		△	×
	青菜とコーンの油いため		○		△	×
	ゆで野菜とウインナーソーセージ	○			△	×
	ゆで野菜のポンずあえ	○			△	×
	卵焼き		○		△	×
	目玉焼きとゆで野菜		○		△	×
	ピーマンと小魚の油いため		○		△	×
チャレンジ	お弁当（いり卵，ツナそぼろ，ゆで野菜）	○			○	○
いろいろなおかずの例	具入りスクランブルエッグ		○		△	×
	いりどうふ		○		△	×
	具だくさんオムレツ		○		△	×
	ツナポテトハンバーグ		○		△	×
	きのこと青菜のいためもの		○		△	×
	切り干しだいこんとにんじんのいためもの		○		△	×
	キャベツとピーマンのみそいため		○		△	×
	きんぴらごぼう		○		△	×
	青菜のごまあえ	○			△	×
	ナムル	○			△	×
	温野菜のオーロラソースがけ	○			△	×
	サイコロサラダ	○			△	×
	たっぷり野菜のポテトサラダ	○			△	×
学んだことを生かしたおかず	ジャーマンポテト	○	○		○	○
	野菜のベーコン巻き		○		○	○
	目玉焼き	○		焼く	○	○
	ラタトゥイユ	○		煮る	○	○
米飯	ご飯			たく	○	○
みそしる	みそしる			煮る	○	○

注：△材料掲載あり。分量の記載なし。

掲載されている調理実習題材と食材一覧

食材							掲載ページ
いも類	卵	野菜（青菜）	野菜（緑黄色野菜）	その他の野菜・果物	加工肉	その他	
							12
		ほうれんそう				せん茶	14
じゃがいも						かつお節	15
	卵						16
			にんじん ブロッコリー	キャベツ			19
				キャベツ		塩こんぶ	19
		こまつな				すりごま	19
				ねぎ		みそ	19
	卵		ブロッコリー ミニトマト	キャベツ		パン	37
じゃがいも			さやいんげん				37
		青菜	にんじん			そうめん	37
						きな粉 あずき缶 白玉粉	74
			にんじん ピーマン	キャベツ			86
	卵					牛乳	86
		チンゲンサイ			ハム		89
		ほうれんそう				コーン しめじ	89
			ブロッコリー	キャベツ	ウインナーソーセージ		89
		こまつな	にんじん	もやし			89
	卵			だいこん			89
	卵		ブロッコリー	キャベツ			89
			ピーマン			油あげ じゃこ	89
	卵		さやいんげん にんじん			ツナ ご飯	103
	卵			葉ねぎ		しらす干し	115
			にんじん さやいんげん	ねぎ		干ししいたけ 豆腐	115
じゃがいも	卵		にんじん さやいんげん				115
じゃがいも			にんじん ブロッコリー	たまねぎ		ツナ	115
		こまつな				しめじ	115
			にんじん	切り干し だいこん			115
			ピーマン	キャベツ		ごま みそ	115
			にんじん	ごぼう		ごま	115
		こまつな				ごま	115
		ほうれんそう	にんじん	もやし		ごま	115
			アスパラガス	かぶ		にんじん	115
さつまいも				りんご		さやいんげん	115
じゃがいも			にんじん	きゅうり		ミニトマト	115
じゃがいも				たまねぎ	ベーコン		117
			アスパラガス にんじん		ベーコン	エリンギ	117
じゃがいも	卵		ブロッコリー				117
			ピーマン	なす たまねぎ	ベーコン	ホールトマト缶 にんにくペースト	117
						米	50,51
				だいこん ねぎ		油あげ 煮干し みそ	52,53

表 6.2　小学校家庭科教科書「T 社」に

目次・トピック	調理名	調理法		材料	手順	いも類
		ゆでる	いためる			
ゆでる調理	お茶	○		○	○	
	青菜のおひたし	○		○	○	
	ゆでいも	○		○	○	じゃがいも
	ゆで野菜サラダ	○		○	○	
	温野菜	○		×	×	
	ほうれんそうとごまのサラダ	○		×	×	
いためる調理	いろどりいため		○	○	○	
	青菜の油いため		○	○	○	
	スクランブルエッグ		○	○	○	
	コーンとほうれんそうのいため物		○	×	×	
	具だくさんの厚揚げのいため物		○	×	×	
	じゃことピーマンのいため物		○	×	×	
主食として考えられる料理	ちくわのピカタ		○	△	×	
	ゆで卵のサラダ	○		△	×	
	コンビーフハッシュ	○	○	△	×	じゃがいも
	具だくさんオムレツ		○	△	×	
副菜として考えられる料理	キャベツとのりのサラダ	○		△	×	
	根菜のきんぴら		○	△	×	
	にんじんとちりめんじゃこいため		○	△	×	
	だいこんとかに風味かまぼこのサラダ	○		△	×	
汁物	けんちん汁	○		△	×	
	すまし汁	○		△	×	
	野菜スープ	○		△	×	じゃがいも
献立を考える	野菜のベーコン巻	○	○	○	○	
	豆腐と野菜のチャンプルー	○	○	○	○	
	ベーコンポテト	○	○	○	○	じゃがいも
米飯	ご飯	たく		○	○	
みそしる	みそしる	煮る		○	○	

注：△材料掲載あり。分量の記載なし。

掲載されている調理実習題材と食材一覧

卵	野菜(青菜)	野菜(緑黄色野菜)	その他の野菜・果物	加工肉	その他	掲載ページ
					せん茶	10
	ほうれんそう こまつな		かつお節			18
						18
		ブロッコリー にんじん	キャベツ			20
						22
						22
		にんじん ピーマン	たまねぎ	ハム		82
	ほうれん草 こまつな					84
卵					牛乳	84
						85
						85
						85
卵	ほうれんそう				ちくわ	108
卵		ブロッコリー				108
				コンビーフ	とうもろこし 小麦粉	108
卵		にんじん ピーマン	たまねぎ	ベーコン	マッシュルーム 牛乳	108
			キャベツ		のり ごま	109
		にんじん	ごぼう れんこん		こんにゃく	109
		にんじん			ちりめんじゃこ	109
			だいこん		えのきだけ かに風味かまぼこ	109
		にんじん	たまねぎ だいこん		こんにゃく 豆腐 だし汁	109
	ほうれんそう				ふ かまぼこ だし汁	109
		にんじん	たまねぎ	ベーコン	コンソメスープ	109
		にんじん さやいんげん		ベーコン	えのきだけ	112
卵		にんじん	キャベツ もやし	ウインナー	豆腐 かつお節	112
			パセリ たまねぎ	ベーコン		112
					米	42
			だいこん ねぎ		みそ 煮干し 油揚げ	44

んオムレツ，豆腐と野菜のチャンプルーの調理例を示している。

　2社ともに，ゆで卵，スクランブルエッグの調理は丁寧に写真を用いて説明されている。このことは，卵の調理として，ゆでる調理，いためる調理の基本を示し，その他は発展させて，他の食材との組み合わせを示していると考えられる。

　また，学習指導要領の食育の内容にあるように食物アレルギーへの配慮について，K社は卵とともに，牛乳についても食物アレルギーへの注意として紹介している。

(4) 青菜の調理

　青菜に関しては，主にほうれんそうと小松菜を扱っており，K社はチンゲンサイも扱っている。また，青菜という材料名のみとしているものもあった。

　おひたし，油いため，ごまあえは2社ともに共通した題材となっている。

　K社はいためる調理ではハムやコーン，ウインナーの加工肉やきのこ類と合わせていためる調理を紹介している。

(5) 緑黄色野菜の調理

　緑黄色野菜に関しては，にんじんとブロッコリーが多く，アスパラガスやピーマン，さやいんげんも扱っている。調理例としては，ゆで野菜として，いため野菜，スープなど多岐にわたっている。

　ゆでる調理においては，K社ではカラフルゆで野菜サラダ，T社ではゆで野菜サラダとして，調理名は違うが使っている食材はにんじん，ブロッコリー，キャベツと同様であり，フレンチソースの作り方も共通している。T社では鍋に入れる写真を何枚も掲載していることから，全体の調理例の紹介はK社よりも少ないが，一つの調理に対してより丁寧な示し方をしていることが分かる。

(6) その他の野菜の調理

　その他の野菜に関しては，たまねぎやキャベツなど，比較的，家庭にあり扱いやすい食材となっている。その他の野菜に関しても緑黄色野菜と同様に，献立作

成のための題材紹介となっているものが多く，緑黄色野菜との組み合わせがほとんどである。

　K社では，切り干し大根を用いたいためものの紹介がある。切り干し大根は，大根を天日で干し，乾燥させて作った保存食であり，日本に古くから伝わるものである。切り干し大根に限らず，乾物の戻し方等の調理法も，教科書には記載がないが，学べる機会が必要であると考える。

(7) 加工肉の調理

　小学校家庭科においては生肉の扱いはしないことから，加工肉としてハムやベーコンを用いた調理の紹介がある。T社ではコンビーフも使用している。加工肉については，1989（平成元）年告示の小学校学習指導要領 家庭に，魚や肉の加工品を使った料理が追加された。野菜のベーコン巻のようなお弁当へも応用ができる調理例とともに，野菜やいも類との組み合わせで示されている。

(8) そのほかの食材の調理

　その他の食材として，共通してせん茶があり，お湯の沸かし方から急須を用いてお茶を入れる方法を掲載している。また，ごまや大豆製品として豆腐や油揚げ，こんにゃくを例として挙げたり，塩こんぶやホールトマト缶，コンソメなど，現代の家庭での食生活の現状を踏まえ多岐にわたっていると考えられる。

(9) 米飯・みそ汁の調理

　米飯・みそ汁の調理については，小学校家庭科の歴史の中でも，必ず実施してきた調理である。

　米飯については，米の体積や重さ，米の浸水時間と吸水量の関係や，たく前の米とたいた後のご飯についての説明も写真を用いて丁寧に示されている。現在では，電気炊飯器の普及により，米がどのようにご飯になるのか，たくという工程を理解することも重要である。

　みそ汁については，日本の伝統文化の視点からもより重要となっており，和食

の基本としてのだしの材料として，煮干し，こんぶ，かつおぶしを紹介しており，K社では，干ししいたけを加えている。みそ汁の実については，だいこん，油揚げ，ねぎを例として挙げ，材料の皮のむき方や切り方等，扱いやすい食材を使用している。

　以上より，2017（平成29）年度告示の小学校学習指導要領 家庭について一部の指定題材として，青菜やじゃがいもなどを扱うとしているが，教科書においては，それにとどまらず多くの題材を用い，調理例を示していることが分かった。日本の伝統的な食文化を取り入れるということから，和食の調理例も数多くある。それに加え，現代の家庭での食事の状況を踏まえたような，加工食品も上手く取り入れた調理例も紹介されていることが分かった。
　また，ゆでる調理，いためる調理の代表的なものに関しては材料や手順が記載されているが，その他については紹介にとどまっている。基礎・基本となるゆでる調理，いためる調理については，丁寧な調理手順を示していた。
　調理例として挙げられる食材も多くあるが，一人分の材料や手順がないため，教科書のみですべての調理ができるようになるには難しい点がある。そのため，調理実習での学びを家庭で実践できるような授業展開が必要になると考えられる。

第4節　まとめと今後の課題

　小学校家庭科の調理実習の題材と食材，調理例について小学校学習指導要領　家庭の取り扱いから教科書の具体的内容を見たが，一部の指定された題材としてじゃがいも，青菜があり，2社ともに多くの食材を用いた調理例が示されていた。どの調理も丁寧に材料や手順が示されているわけではなく，調理例のおおよそ半分については写真での大まかな紹介にとどめていることが分かった。このことは，より多くの調理例を示すことにより，児童の考えを豊かなものにすることにつながると考えられる。小学校の学びは中学・高等学校の家庭科への影響が大きい。小学校5年生から始まる家庭科の学びの中での基礎・基本の習得は今後の生活を

豊かにすることへもつながる重要な学習内容である。このことを踏まえ，教科書に掲載されている調理例についての理解を深める必要がある。

　包丁の使い方，野菜の皮むきなどの基本的な調理技能についても写真を用いて丁寧に解説されている。教科書では，調理実習に関する内容をまとめて掲載しているのではなく，家庭科の学習全体の計画の中で，学ぶ順序等を考慮した配列となっている。学習指導要領を理解するだけではなく，児童の状況に合わせた調理実習の計画が求められる。さまざまなページに混在している食についての学びを整理し，順序だてて学ぶことが，基礎・基本の知識及び技能の習得につながると考えられる。さらに，教科書に掲載されている調理例のみならず，季節や地域の特性を活かした調理技能の習得も期待されることから，食に関する全体的な理解が必須となる。

　最後に，調理経験の少ない児童にとっては，写真や食材のみの掲載の調理例を見ながら自身で調理を行うことは困難に近い。そのため，日常で使われる食材の特徴を理解する必要があり，さらに，一食分の調理を考えた場合，栄養の知識も重要となる。家庭科の学習の中で，調理実習は児童の興味・関心の高い授業であるが，理論に基づいた実践が今後の学びに重要である。小学校第5・6学年の2年間の学びの中で，調理に関する学習の定着を図り，中学校への学びにつなげる工夫が課題となるだろう。

【付記】
　本章は，近藤（2021）の内容をもとに，加筆・修正したものである。

【引用・参考文献】
河村美穂・千葉悦子　2007　「高校家庭科教科書における調理実習の掲載状況および課題」『日本家庭科教育学会誌』第50巻第3号，184-192頁
国立教育政策研究所「教育研究情報データベース　学習指導要領の一覧」https://erid.nier.go.jp/guideline.html（閲覧日：2023年5月1日）
近藤清華　2015　「家庭科における食領域に関する学習内容―小学校家庭科教科書の記述を通して―」『川口短期大学紀要』第29号，173-188頁
近藤清華　2017　「家庭科の教科内容に関する考察―小学校学習指導要領から―」『川

口短期大学紀要』第 31 号，123-136 頁

近藤清華　2021　「家庭科における調理実習の内容と課題―小学校家庭科教科書における記載から―」東京成徳大学『子ども学部紀要』第 11 号，1-10 頁

厚生労働省雇用均等・児童家庭局　2016　「楽しく食べる子どもに　〜食からはじまる健やかガイド〜　「食を通じた子どもの健全育成（―いわゆる「食育」の視点から―）のあり方に関する検討会」報告書」16 頁

文部科学省　2017　「小学校学習指導要領（平成 29 年告示）解説　家庭編」

文部科学省　2017　「中学校学習指導要領（平成 29 年告示）解説　技術・家庭編」

文部科学省　2018　「高等学校学習指導要領（平成 30 年告示）解説　家庭編」

農林水産省　2005　「食育基本法」　https://www.maff.go.jp/j/syokuiku/pdf/kihonho_27911.pdf（閲覧日：2023 年 5 月 1 日）

佐藤文子・川上雅子　2010　『家庭科教育法　改訂版』高陵社書店

●推薦図書●

小平陽一　2016　『僕が家庭科教師になったわけ―つまるところの「生きる力」』太郎次郎社エディタス

男女関係なく学ぶ家庭科ですが，高等学校家庭科が男女共修になったのは 1994 年です。それまでは，家庭科は女子だけが学ぶ教科とされてきました。生活とは？生きるとは？著者の小平陽一氏は化学教師から家庭科教師になりました。それは，「生活科学」を志向したこと，そして共働きの家事・育児に悪戦苦闘する中で，暮らしの技術と能力をもつ必要性を痛感したからです。暮らしやジェンダー，生きるために必要な学びが家庭科にはたくさんあります。著者の体験談や生徒との関わり，授業実践もあります。

●読者へのメッセージ●

大学は自身の学びたいことを追究するところです。なぜだろうと思うことを研究してみましょう。

第3部

海外の子ども政策
―イギリスを事例として―

第7章
2010年代以降のイギリスにおける学校改善政策の特徴と課題

青木研作

第1節　序論—義務教育段階における学校改善をめぐる動向

1．国際的な動向

　ほぼすべての国・地域が締約国となり（2021年11月時点で196），その趣旨と内容に賛同して実行の義務を負っている国際条約である「児童の権利に関する条約」（通称「子どもの権利条約」）は，その第28条において，教育についての児童の権利を認め，この権利を漸進的にかつ機会の平等を基礎として達成するために，締約国に対して，初等教育の義務制・無償制や中等教育の発展・拡充といった学校教育の整備を求めている。また，第29条では「児童の人格，才能並びに精神的及び身体的な能力をその可能な最大限度まで発達させること」を目指す教育の提供を締約国に求めており，単なる教育機会の提供ということではなく，児童のより良い発達に資する質の高い教育を提供する努力を求めている。また，近年，OECD生徒の学習到達度調査（PISA）や国際数学・理科教育動向調査（TIMSS）といった初等・中等教育の国際学力調査が実施され，国家・地域の結果が公表されてその順位づけが行われることで，成績の上位や下位といった国家間の学力の位置づけが可視化されることになった。これによりとくに先進諸国において義務教育段階の学校教育の改善を目指す動きが起こっている。

2．日本の動向

　日本では1872年の学制公布以降の初等教育の義務制・無償制の漸次的な整備，

1947 年の学校教育法制定による前期中等教育までの義務制・無償制の実現，さらには全国一律の教員養成制度や学校の教育課程基準（＝学習指導要領）などの教育関係諸法規を整備することにより，すべての義務教育段階の子どもに一定水準以上の学校教育を保障する教育制度の構築に努めてきた。近年の学校の教育水準に関する社会問題としては，1998 年に成立した学習指導要領や 2003 年の PISA ショックをめぐる学力低下批判が印象的である。また，公立学校や教員への不信が高まる中で，1990 年代以降，自律と説明責任を求める新自由主義的な政策が学校教育にも導入され，学校選択制や学校評価制度の導入，全国学力・学習状況調査の学校別結果公表の容認といった動きが見られる。しかしながら，学力低下批判に対しては，その後いわゆるゆとり教育路線からの転換を図る姿勢を国が示すことにより批判は収束していき，また，新自由主義的な政策についても，学校と地域との連携が希薄になることや学校間格差を拡大し固定化させること，学力テスト対策偏重を助長し豊かな学力の形成を妨げることなどを懸念する声も強く，学校選択制や学校別結果公表については現在のところ大きな広がりを見せていない。

　各学校については校長が経営責任を負っているが，公立学校の設置・管理・廃止，教職員人事，組織編制・教育課程，研修などの権限は都道府県や市町村の教育委員会が有している。教育水準の維持向上についても教育委員会が各学校の支援を行っており，例えば，研修を通じた教員の力量の向上，施設・設備などの教育環境の改善，人事異動による優秀な管理職や教職員の配置など，状況を改善するためのさまざまな手立てを講じることが可能である。したがって，日本における学校改善については，教育委員会が大きく関与しており，地方教育行政機関が学校教育の質を管理し，学校への支援を担う制度が構築されているといえる。

3．イギリスの動向

　イギリス（本章ではイングランドを指す）では，1870 年に基礎教育法が成立し初等教育の義務教育制度が導入され，1944 年教育法では三分岐制を枠組みとする戦後の前期中等教育制度が整備された。その後，中等教育の総合制化が議論され，

1970年代後半には大半の生徒が総合制中等学校に就学するに至った。この間，1902年に成立した地方教育当局（Local Education Authority：2005年以降は地方当局（Local Authority），以下LAと表記）が各地域の公営学校（state school）を管轄していたが，社会のさまざまな分野で新自由主義的な政策を導入していたサッチャー保守党政権による1980年代後半からの教育改革によって，個々の学校が人事権や財政権を有するようになり，学校とLAの関係が大きく変化することになった。とくに1988年教育改革法はナショナル・カリキュラムとナショナル・テストの導入ならびに学校ごとの成績の公表，また，自律的学校運営（学校予算の使途決定権限と教職員人事権を地方教育当局から学校理事会に大幅に委譲すること）ならびに在籍する児童・生徒数によって算定する財源配分方式の導入によって，競争的な環境を創り出そうとした。つまり，生徒や保護者にとって公表される学校の成績は学校を選択する際の重要な判断材料の一つとなり，また，生徒数確保の圧力にさらされる学校がナショナル・テストでよい成績を上げる努力をすることで，学校制度全体の教育水準の向上を図ろうとしたのである。その後の1990年代後半から2000年代にかけてのブレアやブラウンによる労働党政権では，基本的な学校制度に関する考え方は前保守党政権を引き継ぎつつも，LAに対しては学校改善に対する明確な役割を与えていたが，2010年に誕生したキャメロンを首相とする保守党と自由民主党による連立政権，そして2015年に誕生した保守党政権においては，個々の学校が自己改善を図ることができ，学校主導によって，良質の教育をすべての子どもに提供する制度の実現を目指した改革が行われている。

4．課題設定

　上述してきたように，義務教育段階の学校の教育水準を向上しようとする政策は各国で行われており，日本では各学校の教育水準が比較可能な形で示されることはまれであり，学校改善については教育委員会がさまざまな手立てを講じることができる体制がある。一方，イギリスでは，学校間で競争する環境が整備されるとともに，学校改善についてLAは関与せず，各学校が責任をもつ体制の構築

が目指されている。そこで，本章では，現在，イギリスで取り組まれている教育水準向上のための政策を概観するとともに，その政策を進めるうえで急速に拡大しているアカデミーという新しいタイプの学校に注目して検討を行う。これを通して，現在取り組みが進められている学校主導型システム（school-led system）についてその現状や効果や課題を明らかにすることを目的とする。

第2節 2010年以降の学校白書の特徴

2010年以降，イギリスでは学校政策に関する政府の方針を示した学校白書

表7.1 2010・2016・2022年の学校白書の目次

	2010年白書：教育力の重要性	2016年白書：教育の優秀性をあらゆる場所に	2022年白書：すべての人に機会を：あなたの子どものための優秀な教員による強力な学校
1	序論―学校の未来	「教育の優秀性をあらゆる場所に」のための私たちのビジョン	すべての子どもに優れた教員を
2	教えることとリーダーシップ	偉大な教員たち―あらゆる場所で彼らは必要とされる	高水準のカリキュラム，振る舞い，出席率を実現する
3	振る舞い	偉大なリーダーが私たちの学校を経営し，私たちの制度の中心に位置すること	支援を必要とするすべての子どもに的を絞った支援
4	カリキュラム，評価，質	すべての学校がアカデミーの学校主導型システム，生徒・親・コミュニティへの権利付与，そして明確に定義された地方政府の役割	より強く，より公平な学校制度
5	新しい学校制度	成績不振の防止と学校支援によるグッドからグレイトへ：ニーズのある場所への足場づくりと支援を伴う，学校主導の改善	
6	アカウンタビリティ	すべての子どものための高い期待と世界トップレベルのカリキュラム	
7	学校改善	公平，アカウンタビリティの拡張，すべての子どもへの期待	
8	学校への予算配分	ふさわしい人の手にふさわしい資源を：最も良くすることができる場にすべてのお金を投資すること	

(school white paper）が2010年，2016年，2022年の3回公表されてきた。その目次をまとめたものが表7.1である。

　この表から分かるように，各白書に共通して論じられている内容としては，教員に関する政策，カリキュラムや生徒指導，そして学校制度である。構成については，どの白書でも教員に関する政策がまず述べられており，その後，カリキュラムや生徒指導や学校制度を論じるという流れになっている。優秀な教員やリーダーを養成し，そうした教職員が学校を自律的に経営できる制度を構築することにより教育水準の向上を図ろうとする意図をこの構成から読み取ることができる。以下，各白書の要点をまとめる。

１．2010年白書

　2010年白書で示されている政策についての考え方としては次のようにまとめられている。「イギリスで必要とされていることは，束縛から教員を解放し，専門職としての地位と権威を向上させ，世界最高に相応しいカリキュラムと資格によって設定された水準を向上させ，外部の管理から学校を自由にし，達成した結果を効果的に説明するための断固とした行動である。政府は最も不利な状態にあるところへより多くの資金をという学校への資金提供の公平性を保障すべきであるが，同時に，集権化された政府のイニシアティブに従うよりもむしろ，他者や最良の実践から学ぶことを助けるように，教員の努力を支援すべきである」(Department for Education, 2010, p.8)。つまり，教員の資質能力やカリキュラムなどさまざまな観点から政策が打ち出されているが，一貫しているのは，学校（教員）に対してより多くの自由を与えることによって教育水準の向上を図るということである。そして，これらの政策の中で連立政権がとくに力を注いだといえるのが，第5章の「新しい学校制度」で中心的に言及されたアカデミーの拡大であった。

２．2016年白書

　2016年白書では，前連立政権によって目指されてきた学校主導型システムをさらに発展させるとともに，それによってもたらされる教育の優秀性がすべての

学校に行き渡るようにさまざまな政策を提案している。第1章では，2010年以降の教育水準向上の成果を誇る一方で，依然として，良い教育を受けることのできない子どもたちが多数存在するとの認識が述べられている。こうした認識の下に，「教育の優秀性をあらゆる場所に」を実現する改革構想が語られている。その中核となる理念は，2010年白書に引き続き，「自律性」である。偉大な学校，偉大なリーダー，偉大な教員には自律性を確保し，彼らがすべての子どもたちの潜在能力を最大限に発達させることにベストを尽くせるように環境を整備することが目指されているのである。続く，第2章と第3章では質の高い教員とリーダーの養成の必要性が述べられ，第4章では質の高い教員やリーダーが自由に活躍できる学校主導型システムの構築が必要であることが述べられている。そのために，すべての学校をアカデミーにすることが提案されている。そして，第5章以降では学校主導型システムによってあらゆる場所で良質の教育が提供できるようにするための方策が述べられている。とくに第5章では良質の教育が提供されていなかった地域に対して，学校主導で良質の教育を提供していくための方策が論じられており，学校同士がより協働して教育水準を引き上げるために取り組むことの重要性が論じられている。

3．2022年白書

　2022年白書においても，2010年以降の教育面での著しい進歩が紹介される一方で，特別な教育的ニーズをもつ子どもを含め，不利または弱い立場にある子どもの成績に課題があったことが述べられている。そして，この改善に向けて，優れた教員やリーダーの強みを生かす学校主導の学校改善というこれまで行ってきた政策をさらに強化することが論じられている。このことは「政府はすべての答えをもっているわけではないし，また，そうあるべきでもない。繁栄する学校制度は，学校が互いに協力し合い，最高の学校の成果を国のすみずみまで行き渡らせることによってのみ達成される」（Department for Education, 2022, p.4）という言葉からも読み取れる。第1章では，教員の養成・採用・研修の改善，第2章では，幅広く意欲的なカリキュラムの導入，第3章では，達成度の低い子どもへの

適切なサポート体制の構築が述べられている。そして，第4章では，すべての子どもたちが強力なマルチ・アカデミー・トラスト（Multi-Academy Trust：以下MAT）に加盟している学校で学ぶことができるようにすることが述べられている。MATとは複数のアカデミーを所有する一つのトラストによって運営される組織であり，2016年白書でも言及されているが，2022年白書においては，すべての学校を強力なMATの傘下に置くことで，優れた学校の教育リソースを他の学校の支援に利用することを容易にし，学校主導で全体の教育水準を向上させることが期待されている。

第3節　アカデミーによる学校制度改革

1．学校制度におけるアカデミーの位置づけ

2010年白書で新しい学校制度を構築するための中心的な学校として言及されたアカデミーであるが，2016年白書ですべての学校をアカデミーにすることが表明されるなど，現在，LAによって管理されている公費維持学校（maintained

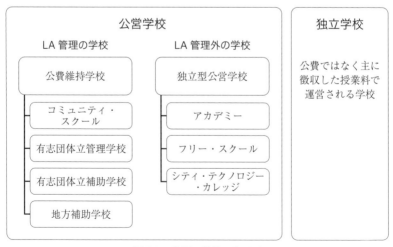

図7.1　英国の学校のタイプ

出所：日英教育学会編（2017）p.83

school）がアカデミーと呼ばれる学校に急速に置き換えられている状況がある。
イギリスの学校は図7.1の通り公営学校と独立学校（independent school）に大別
され，公営学校は生徒から授業料を徴収することはなく，入学や特別教育ニーズ
などに関する政府の定めた規則に従わなければならない学校である。さらに，公
営学校内もLA管理か管理外かに分かれており，アカデミーは独立型公営学校の
一種という位置づけである。アカデミーは非営利団体であるアカデミー・トラス
トによって運営される公設民営学校であり，中央政府から直接資金を受けるとと
もに，例えば，ナショナル・カリキュラムに従う必要はなく，学期日程を独自に
設定することも可能であるなど，公費維持学校よりも学校運営における自由が認
められている。

2．アカデミーの拡大

　アカデミーは，1997年から2010年の労働党政権下において，貧困地域や成績
不振の地域における教育水準の改善を目的に導入された新しいタイプの公営学校
である。2000年の学習技能法（Learning and Skills Act 2000）により規定が設け
られた「都市型アカデミー」を基盤に，2002年教育法の下で創設された。当時
のアカデミーの大半は都市部に位置し，貧困家庭出身の生徒や英語を母国語とし
ない生徒の割合が高く，そうした事情も反映して，前期中等教育証書（GCSE）の
成績は全国平均を下回っているが，2007年から2009年の2年間の成績上昇率は
全国の上昇率の2倍であり，教育困難校の改善に効果をあげているとの一定の評
価がされていた（House of Commons Library 2010, p.3）。しかしながら，労働党政
権における主流の公営学校は公費維持学校であり，アカデミーの設置はあくまで
も，成績不振の状態が続きLAでは再建が困難であると認められた中等学校にの
み適用される特別な措置であった。したがって，労働党政権下のアカデミーの数
は203校（2010年3月時点）で，全公営中等学校の約6％を占めるにとどまってい
た。一方，2010年に発足した保守党と自由民主党の連立政権は，学校の教育水
準を向上させるアカデミーの機能を高く評価し，それまで対象外であった初等学
校や特別学校などのすべての学校がアカデミーになることを認める法律（Academies

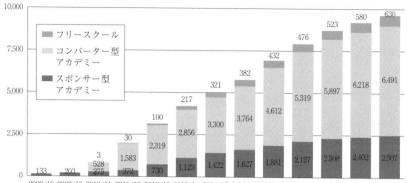

図7.2　アカデミーとフリースクールの合計数の推移（2009〜2021年）
出所：Department for Education（2023a）p.29

Act 2010）を導入した。さらに，2015年以降の保守党政権においても，アカデミー
を推進する政策は続いており，2016年3月には，イギリスのすべての公営学校
をアカデミー化する方針が発表されたことにより，図7.2のように急速な拡大の
状況があり，現在，初等学校の約4割，中等学校については約8割の学校がアカ
デミーになっている。

3．アカデミーによる教育水準の向上

　世界トップレベルの学校教育を目指すことを掲げた2010年白書において，連
立政権はその取り組みの一環として新しい学校制度の創出を掲げ，その中心的な
理念を学校の自律性の拡大とした。これは，高いレベルの説明責任を保持しつつ
できるだけ多くの権限を委譲された学校の存在が教育水準の向上に効果的だとす
るOECDの調査結果に基づいた考えであり，また，イギリスにおいてもアカデミー
が良い教育を提供してきたことで実証されていると説明された。LAの管理を離れ，
独自の特徴や専門性を発展させる可能性をすべての学校に与えるために，労働党
政権下で限定的に活用されたアカデミーをすべての学校に開放したのである。
　2016年白書においても，アカデミーが教育水準の向上に効果的であるとの見
解が示された。成績不振を理由にアカデミーに転換した学校の成績の上昇率は他

の学校の2倍以上とされ，優秀な学校からアカデミーに転換した学校の成績は全国平均を大幅に上回っているとされた。その理由として，政府は成績不振の学校からアカデミーに転換した場合（スポンサー型アカデミー），スポンサーが必ず付くことになっており，そのスポンサーのもつ強力な経験や専門知識が発揮されているからであり，また，優秀な学校からアカデミーに転換した場合（コンバーター型アカデミー）は，自律性と説明責任が一致した環境下で，学校のリーダーは水準向上につながると信じる決断を自由に下すことができるからであると説明している。

　一方で，アカデミー中心の学校制度を構築する動きの中で，学校間格差の拡大や困難を抱える学校への支援の不足も指摘されるようになる。例えば，2013年に庶民院（下院）教育特別委員会がまとめた報告書は，多くの成功したアカデミーが苦しんでいる他の学校への協力に失敗していると指摘した（House of Commons Education Committee 2013, p.4)。学校改善に関してLAの関与を減少させ，代わりに優秀な学校が他の学校の改善を支援する学校主導での教育水準向上を期待していた改革であるが，競争的な環境において学校同士が支え合う関係を構築するためには，強力なインセンティブや枠組みが必要であることが判明し，学校制度全体の教育水準向上を図るために，学校改善支援をどのように行うかが課題となったのである。

第4節　学校改善支援主体の変遷

1．労働党政権下の学校改善支援主体

　1997年から2010年の労働党政権下においては，学校間の競争的な環境の整備による教育水準の向上というそれまでの政策に加えて，学校改善を支援するための政策がいくつか行われた。例えば，フェデレーション（federations）と呼ばれる，複数の学校が一つないし複数の学校理事会を構成し，学校経営，教育課程経営，教職員研修，地域連携等を協働で行い，学校教育の質的向上を図る取り組みが行われた。これは2002年教育法により制度化されたもので，とくに財政難や人材

不足といった課題を抱える小規模校の経営課題を解決するために，学校同士の連携を通じてお互いが保有する資源を共有し合い，学校改善を促進させ，学校教育の活性化を図ることが目的とされた（植田，2014，p.171）。また，LA に対して，学校を支援し，地域内全体における教育水準向上の責任者としての機能を果たすことを求め，2006 年教育と監査法（The Education and Inspections Act 2006）において，学校改善パートナー（School Improvement Partners）の全 LA への配置を義務づけた。学校改善パートナーは各学校のニーズに対応した経営支援を同一の担当者が継続的に行うことによって，学校改善の効果や効率性を高めることを目的としたものであり，全国教職リーダーシップ機関（National College for School Leadership, NCSL）による認定を受けた現職の校長や LA の教育アドバイザーや退職校長などが学校改善パートナーとして活動した（植田，2013，pp.84-86）。なお，フェデレーションについては現在でも制度は存続しているが，アカデミーはフェデレーションに参加できないとされており，また，学校改善パートナーについては 2010 年に発足した連立政権により，学校改善に対する責任は学校理事会・校長・教職員の責任であることを明確にするべきとして配置のための予算を停止したことで，多くの LA で学校改善パートナーは廃止もしくは大幅な人員削減が行われた。

2．2010 年以降の学校改善支援主体

　2010 年白書においては，学校改善支援の役割をもつ 2 つの主体への言及が行われている。一つはティーチング・スクール（teaching schools）である。ティーチング・スクールは教員養成や職能開発・研修を担う優れた学校のことであるが，その役割の一つとして他の学校の改善支援（school-to-school support）が求められている。もう一つはアカデミー・チェーン（academy chain）と呼ばれる複数のアカデミーのパートナーシップである。アカデミーが複数集まることで互いに協力しながら教育水準の向上を図るこのパートナーシップにはさまざまな形態があり，例えば，複数のアカデミーが一緒になって一つの法人を設立し，単一のトラストと理事会により統治される MAT・モデルや，正式な統治機構は持たずにアカデ

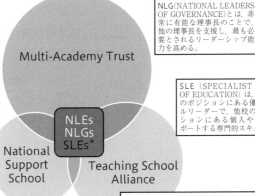

System Leadership

NLE（NATIONAL LEADERS OF EDUCATION）は，優秀な学校の指導者であり，自身の学校（National Support School と呼ばれる）とともに，他の学校の改善を支援する。NLE は特に，改善する力があるのに低迷している学校や，優れた教育を保証するために特別な支援を必要とする学校を支援する。

Multi-Academy Trust

NLG（NATIONAL LEADERS OF GOVERNANCE）とは，非常に有能な理事長のことで，他の理事長を支援し，最も必要とされるリーダーシップ能力を高める。

NLEs
NLGs
SLEs*

SLE（SPECIALIST LEADERS OF EDUCATION）は，校長職以外のポジションにある優秀なスクールリーダーで，他校の同様のポジションにある個人やチームをサポートする専門的スキルをもつ。

National Support School

Teaching School Alliance

TEACHING SCHOOLS（TS）は，他の学校との協働に確たる実績をもつ優秀な学校である。TS は，アライアンス（TSA）内のさまざまな学校と協力し，優れたエビデンスに基づく実践を用いながら，現在および将来の教師やリーダーを訓練し育成している。また，TS は他のシステムリーダーによる学校主導の改善を仲介する。*TS は，SLEs を指名し配置する。

図 7.3　システム・リーダーシップ

出所：Department for Education（2016）p.74

ミー同士が単に協力することに合意する協働パートナーシップ・モデルなどがある。

　2016 年白書では，システム・リーダーシップによる学校改善支援が強く打ち出された。これは学校改善の責任を LA から学校に移すうえで，システム・リーダー，例えば，ティーチング・スクールや NLE，といった優れた学校やリーダーが専門知識やベストプラクティスを広める体制を整えることを意味する。図 7.3 にあるように，困難を抱える学校はシステム・リーダーを抱える MAT やティーチング・スクール・アライアンス（TSA）から支援を受け，学校改善を図ることができるとされる。

　2022 年白書では，2030 年までにすべての子どもたちが強力な MAT に加盟しているか，加盟または結成する計画をもっている学校で教育を受けることを目指すことが表明されている。なお，2016 年白書で MAT と並ぶ学校改善支援主体

として位置づけられ，全国に750の組織が設置されていたTSAであるが，2021年8月にこのプログラムは終了し，代わりに，教員養成と研修に特化したティーチング・スクール・ハブ（TSH）プログラムが開始されている。TSHも研修機会の提供を通じて学校改善に一定の関与をもつことは確かであるが，政府としては今後学校改善支援の主体はMATのみが担う体制を構想しているといえよう。

なお，MATについては，規模が小さいと十分な支援が困難であるという状況が指摘されている。2020/21年度のデータによれば，MATは1,198あり，平均すると一つのMATが7校のアカデミーを管理していることになるが，MATの規模の差は大きく，最も規模の大きなMATは76校のアカデミーを有しており，一方2校で構成されているMATは251で全体の約2割を占めている（Department for Education, 2023a, pp.31-32）。政府はMATが10校を超える規模になると財政的に安定し，専門性をもつ人材を十分に配置し，学校の改善を推進することができると考えており，2022年の学校白書では，2030年までにすべての学校を強力なMATに加盟させることを目指すとしている。なお，強力なMATの基準としては，①質の高いインクルーシブ教育，②学校改善，③戦略的ガバナンス，④財務管理，⑤人材，の5点が示されており，MATにはこれらに適切に取り組むことが求められている。

第5節　結論─学校主導型システムへの評価と課題

1．学校主導型システムと教育水準向上

イギリスの学力に関しては，各種の国際学力調査で良い成績を得ていることが報告されている。例えば，PISA2018においては，読解・数学・科学のすべてでOECDの平均点を大きく上回り，とくに数学では，PISA2015と比較して統計的に有意な上昇を示した（Department for Education, 2019）。また，TIMSS2019においては，数学と科学の両方でTIMSS基準値（500点）を大きく上回っており，1995年から2019年にかけて，数学では大幅な向上がみられる（Department for Education, 2020）。さらに，PIRLS2021においては，イギリスの平均点は参加国

全体の平均点よりも統計的に有意に高く，また，成績上位の生徒と下位の生徒との間の達成度格差が縮小し続けており，その要因は成績下位者の得点の増加によるものであった (Department for Education, 2023b)。

　学力だけではなく，カリキュラムや行動面や精神・道徳・社会・文化面といった幅広い観点から学校の教育水準について総合的な評価を行う Ofsted の査察結果についても，2010 年以降改善しているとされる。4 段階で行われる評価のうち，一番下の「不適格」と下から二番目の「要改善」の評価を受けた学校の割合は，2010 年が 33％であったが，2022 年には 12％に減少している (Ofsted, 2022)。

　こうした全体的な教育水準向上のエビデンスが示される一方で，アカデミーや MAT が教育水準の向上に与える影響については評価が定まっていない。例えば，教育政策研究所が 2017 年に発表した研究では，初等・中等教育段階で最も成績の良い学校群の多くを MAT のアカデミーが占める一方で，最も成績の悪い学校群の中にも MAT のアカデミーが過剰に存在していることを明らかにしている (Andrews et al., 2017)。また，他の団体からもアカデミーの学力の高さや学校改善への効果に対して疑義を呈する研究結果が発表されており，Ofsted の査察結果に関しても，MAT のアカデミーが他のタイプの学校よりも評価が高いというデータはないとされている (Hayes, 2022)。

2．学校主導型システムと中間組織

　2010 年代前半のイギリスの学校改善政策は，複数の学校を管理する中間組織を排し，自律的な学校の拡大により全体的な教育水準の向上を図っていたが，現在の MAT をめぐる動きからは，中間組織の学校改善機能の強化へと政策をシフトさせているようにみえる。筆者は 2023 年 3 月にロンドンで数名の MAT の CEO（最高経営責任者）にインタビューする機会があり，中間組織として MAT が LA よりも優れている点は何か尋ねたところ，全員が，MAT は学校の教育水準を向上させるという単一の目的のために存在する組織であり，そのための専門のスタッフを配置して傘下の学校のニーズに臨機応変に対応できること，事務的な作業の多くを中央オフィスで引き受けることで傘下の学校の教職員に教育に集

中してもらえることであると回答していた。一方で，ある CEO は一つの地域に一つのアカデミーを所有するのではなく一定数のアカデミーを所有している状況が望ましく，また財政的な観点から生徒数 300 人未満の学校は加盟を認めていないと述べており，このことは例えば，へき地の学校や小規模の学校などは引き受ける MAT がなく孤立するリスクがあるということである（青木，2023）。これは小規模校等への支援に取り組むためのインセンティブや財政的補償を MAT に十分に与えることができていないという制度設計上の課題としてとらえることができる。また，学校改善機能に優れていることは重要なことであるが，すべての子どもに優れた教育機会を提供する公教育制度の構築を目指すための中間組織として，それだけでは不十分である可能性を示唆しているともいえよう。

3．卓越性と公正さの追求

PISA 型学力の影響を分析した論文において山田哲也（2016, p.11）は「各国の学力政策を検討すると，卓越性と公正の両方が追求されており，とりわけ後者，具体的には学力格差の是正がより重視される傾向が認められる」と述べている。論じてきたようにイギリスにおいても水準の向上と格差是正の両方が追求されており，とくに 2016 年と 2022 年の白書では格差是正を強く求めた内容になっているといえよう。しかしながら，前述したある CEO の言及や久保木匡介（2021, p.21）の指摘にもあるように，MAT を中心とした学校間連携と教育改善から排除される学校の問題があり，そうした学校を学校主導型システムでどう支援していくかが問われている。また，卓越性に関しては学校の自律性を強めることが効果的であるといわれており，イギリスでもアカデミーを拡大する政策を進めてきた一方で，現在，LA に代わる中間組織として存在感を増している MAT は CEO に権限が集中する仕組みとなっており，MAT 傘下のアカデミーの自律性は弱まる可能性がある。卓越性と公正さはどちらも追求すべき価値とされ，両者は補完関係にあることもあるが，時には対立する場合もあることを念頭に政策を見る必要がある。

2010 年代以降のイギリスの学校改善政策は，卓越性と公正さを保障するシス

テムを学校主導で構築することを目指す中で行われており，従来の学校制度を大きく変化させるものであった。現在，学校改善支援の役割を中心的に担うことを期待されているのは MAT であり，今後，政府が MAT をどのように統制し，MAT が傘下の各学校をどのように支援して，学校主導型システムを構築するのか，引き続き注目したい。

【付記】
　本研究は，平成 31〜令和 5 年度科学研究費補助金・基盤研究 (C)「学校改善支援主体の機能に着目した現代イギリス保守党政権下の学校主導型制度の研究」(研究代表・青木研作) の研究成果の一部である。

【引用・参考文献】

Andrews, J. and Perera, N. 2017 *The impact of academies on educational outcomes.* Education Policy Institute.

青木研作　2015　「イギリス連立政権下のアカデミー政策—学校の自律化が与える地方教育行政への影響に着目して—」『日英教育研究フォーラム』第 19 号，日英教育学会，45-58 頁

青木研作　2018　「イギリスにおける学校主導の学校支援に関する政策と実態—ティーチグ・スクールへの調査を通じて—」『東京成徳大学子ども学部紀要』第 8 号，1-9 頁

青木研作　2023　「アカデミーによる学校制度改革—イギリス—」『季刊教育法』第 217 号，エイデル研究所，56-59 頁

Department for Education 2010 *The importance of Teaching: The Schools White Paper 2010.*

Department for Education 2016 *Educational Excellence Everywhere.*

Department for Education 2019 *Achievement of 15-year-olds in England: PISA 2018 results.*

Department for Education 2020 *Trends in International Mathematics and Science Study (TIMSS) 2019: National report for England.*

Department for Education 2022 *Opportunity for all: Strong schools with great teachers for your child.*

Department for Education 2023a *Academy Schools Sector in England: Consolidated Annual Report and Accounts 2020 to 2021.*

Department for Education 2023b *PIRLS 2021: National Report for England.*

外務省　2021　「児童の権利に関する条約 (Convention on the Rights of the Child)

締約国一覧」https://www.mofa.go.jp/mofaj/gaiko/jido/zenbun_1.html（閲覧日：
2023年7月1日）

Haves, E. 2022 "Education: multi-academy trusts", House of Lords Library. https://lordslibrary.parliament.uk/education-multi-academy-trusts/（閲覧日：2023年7月10日）

House of Commons Education Committee 2013 *Schools Partnerships and Cooperation.*

House of Commons Library 2010 *Academies Bill〔HL〕Bill No 57 of 2010-11: Research Paper 10/48.*

久保木匡介　2021　「イギリスにおける2010年代の教育ガバナンスの変容：マルチ・アカデミー・トラストの増大と学校教育の統制構造」『長野大学紀要』第43巻第2号，13-27頁

日英教育学会編　2017　『英国の教育』東信堂

Ofsted 2022 *The Annual Report of His Majesty's Chief Inspector of Education, Children's Services and Skills 2021/22.*

植田みどり　2013　「地方教育行政における指導行政の在り方―イギリスのSIPs（School Improvement Partners）を通して―」『日本教育行政学会年報』第39号，80-96頁

植田みどり　2014　「イギリスでのFederationの取り組み」『日本教育経営学会紀要』第56号，170-176頁

山田哲也　2016　「PISA型学力は日本の学校教育にいかなるインパクトを与えたか」『教育社会学研究』第98集，5-28頁

●推薦図書●

ルーシー・クレハン著，橋川史訳　2017　『日本の15歳はなぜ学力が高いのか？―5つの教育大国に学ぶ成功の秘密』早川書房

イギリス人教育研究者が2年間にわたって国際学力調査の結果で上位の国・地域を旅してまわり，そこで実地調査した記録をまとめた本。日本でも実地調査を行っており，国際的に日本の子どもたちの成績が上位にある理由について，ユニークな方法のフィールドワークと精力的な文献研究に基づきながらも，平易な言葉で論じられている。フィンランド，カナダ，シンガポール，中国（上海）についても同様の研究方法に基づいて分析が行われており，各国の教育を比較することの面白さや大切さを感じることのできる一冊である。

第8章
イギリスにおける2021乳幼児期ナショナルカリキュラム改訂の特徴
—「就学準備」をめぐる動向—

石黒万里子

第1節　問題の所在

1．課題設定

　子ども期を，大人になるための準備の時間ととらえるのか，それ自体を充実した時間としてとらえるのかどうかで，「子ども」のとらえ方と，その生育環境を整える乳幼児教育のあり方は異なる。本章では，「就学準備」の傾向が強いとされるイギリスの就学前教育について，ナショナルカリキュラム（国が定める全国共通の学校カリキュラム）である『乳幼児期基礎段階（Early Years Foundation Stage，以下 EYFS と表記）と，非法定ガイダンスである『発達を大切に（Development Matters)』の 2021 年の改訂について，その主な特徴と，改訂の背景について明らかにしようとすることを通して，乳幼児期のカリキュラムの現代的課題について，日本との比較を含めて検討したい。

2．イギリスにおけるナショナルカリキュラムの歴史

　イギリスで長年，各自治体や学校における教育の自由裁量が尊重されてきた。ナショナルカリキュラムが設定された歴史は比較的新しく，初めて導入されたのは 1988 年教育改革法による（日英教育学会編，2017）。就学前段階におけるナショナルカリキュラムの導入は，初等中等教育に遅れて実施されたが，その転機となったのが，ブレア新労働党政権による，就学前教育への政策的な注目であった（石黒，2004)。

2000年に3歳から5歳を対象とした『基礎段階 (Foundation Stage)』が発刊されると，2008年には，0歳〜5歳を対象とした初めての『乳幼児期基礎段階』（以下2008EYFS）が発刊された。日本で初めて幼稚園教育要領が発刊された1956年から，約50年後のことである。

　2008EYFSは，「学修と発達要件 (learning and development requirements)」と「福祉要件 (welfare requirements)」から構成され，「学修と発達要件」では6領域と69の乳幼児期学修目標 (Early Learning Goals, 以下ELG) が示された。加えて，各領域と下位領域それぞれについて9つのレベルに沿って，計117の評価基準が示されたことが特徴である。

　後の2012年改訂では，領域は7領域に再編され（表8.1），学修目標は17に精選され，その評価は「期待を超えるレベル」「期待通りのレベル」「期待されるレベルに達していない（芽生えつつある）」の3段階となった。その後のEYFSは，

表8.1　2008EYFSから2012EYFSへの変更点（領域について）

2008.9〜　乳幼児期学修目標 (ELG)：69		2012.9〜　乳幼児期学修目標 (ELG)：17
1. 人格・社会性・情緒の発達 Personal, Social and Emotional Development	主要領域 Prime area	1. コミュニケーション・言語 Communication and Language
2. コミュニケーション・言語・読み書き Communication, Language and Literacy		2. 身体の発達 Physical Development
3. 問題解決・推論・数的処理 Problem Solving, Reasoning and Numeracy		3. 人格・社会性・情緒の発達 Personal, Social and Emotional Development
4. 世界についての知識と理解 Knowledge and Understanding of the World	特有領域 Specific area	4. 読み書き　Literacy
5. 身体の発達 Physical Development		5. 数学　Mathematics
6. 創造性の発達 Creative Development		6. 世界についての理解 Understanding the World
		7. 表現芸術とデザイン Expressive Arts and Design

出所：石黒（2016）p.3 表1，（2017）p.77 表1を加筆修正。

2014年，2017年に改訂され，最新版が2021年版であるが，学修領域7領域は，2012年以降変更されていない。

3．2008EYFS に対する評価

　最初に導入された2008年版のEYFSは，その文書量の多さと評価ポイントの詳細さが大きな注目を集めた。それをもってイギリスの乳幼児教育を「就学準備型」と位置づけたのが，OECDによる報告書『人生の始まりを力強く（Starting Strong Ⅱ）』（2006＝2011）である。

　同報告書は，世界の就学前カリキュラムの伝統を，「就学準備型」と「生活基盤型，ホリスティック型（ソーシャルペダゴジー）」に分類している。前者にはフランスと英語圏の国々が，後者には北欧諸国などがあてはまるという。泉（2008，pp.26-27）を参考に就学準備型の特徴を確認すれば，就学準備型のカリキュラムは詳細な目標を明示するものであり，またその目標とは，一般的に認知発達に関する到達目標[2]である。そして評価については，明確な目標に基づいて詳細に実施され，対象となる能力やスキルについては事前に示されている。こうした観点から同報告書は，イギリスのEYFSが，EYFS以前のカリキュラムの指針であった『大切な3歳まで（Birth to Three Matters）』（2002）と比べ，はるかに教師主導で詳細であり，規範的であると指摘し（OECD訳書，2011，p.82），「フランスと英語圏の国々は『学校へのレディネス（readiness for school）』のアプローチを採用した」と位置づけている（OECD訳書，2011，p.67；石黒，2014，p.16）。

　しかしこうした位置づけについて，イギリス国内の就学前教育関係者が合意していたわけではない。2012EYFSは，詳細過ぎた評価項目を大幅に削減し，保育者の業務負担を減らしたことを特徴としていた。筆者による聞き取り調査（2012年11月実施）（石黒，2013）では，イギリスの教育関係者（教育省就学前教育担当者，子ども支援団体スタッフ，公立初等学校長等）から，OECDによるイギリスの就学前教育に対する評価について，違和感や反論が示された。それは例えば，「『就学準備』に反対する人もいる。最終的には小学校への準備ができているように，ということを意図している。もっと広い意味でとらえてほしい。就学準備は人生へ

の準備である」「イングランド（の乳幼児教育）は就学準備に力を入れていると言われているが，遊びを中心としている。2012EYFS ではそれがより明確になっており，外遊びの重要性も強調している」「『就学準備』というねらいについて，子どもたちの自由や時間を奪うことがあってはいけないと思った。決してネガティヴなものではないと説明されているが，まだあまり納得していない部分もある。就学前と初等学校１年の棲み分けについては常に議論されている」などである。[3]

2012EYFS 改訂を方向づけたとされる，「乳幼児期：生活・健康・学びのための基礎（The Early Years: Foundations for life, health and learning: An Independent Report on the Early Years Foundation Stage to Her Majesty's Government）」（通称「ティッケルレポート」）には，次のような記載がある。「就学準備ということばは，子どもたちが不適切な低年齢で読み書きを覚えなければならないというプレッシャーにさらされてしまうことを暗に示すものとして解釈する人がいる。そこで，『就学準備』という表現が持つこのような曖昧で感情的な意味合いを避けるため，逆の視点，すなわち『就学準備不足』（school unreadiness）という面から考えている」（Tickell, 2011, pp.19-20）。

同報告書の代表者であり，イギリス最大の子ども支援団体のひとつ，Action for Children の代表であったティッケル（Tickell, C.）は，「『就学準備』は，単にカリキュラムに対して準備するのではなく，生活面も重視し子どもらしさも大切にする。子どもが学校的環境に慣れ，初等学校にリンクできるような環境を構成していくことが大切である。『就学準備』というと，子どもらしい時期を奪うと感じる人もいる。そうした場合は就学準備と言わずに就学準備不足という表現を使うなど工夫している」と説明している（石黒, 2013, 2014）。

このように，子どもを特定の基準に沿ってカテゴライズし評価することに対する批判は，イギリス国内でも大きい。2013 年には，就学前の子どもの学びに関する政府の改革動向について，「多すぎる早すぎる（Too much, Too Soon）」キャンペーンも展開された。

OECD が実施した「国際乳幼児期の学びと子どものウェルビーング調査（International Early Learning and Child Well-being Study）[4]」を，同じく OECD が

実施する国際学力調査である PISA ⁵⁾ にたとえ，「Baby PISA」(Pence, 2016) ととらえる批判が展開されるなど，OECD が描き出す乳幼児期のあり方については，国際的に疑問を示す動向がある。そしてこの間に注目を集めてきたのが，レッジョエミリアに代表される，民主主義的な幼児教育実践である。

こうした背景のもとに実施されたのが，2021 年の EYFS 改訂である。次節では，その 2021EYFS の特徴について，具体的に確認したい。

第2節　2021EYFS の特徴

1．概　要

イギリス教育省の HP では，2021EYFS の改訂について次のように説明している。その目的は「とりわけ早い時期の言語とリテラシーについて，5 歳児での成果を改善すること，不必要な書類作成業務を減らし，保育者がケアする子どもとより長い時間を過ごせるようにすること」であり，また変更点としては，教育プログラムについてより詳しく具体的に示し，とりわけ 7 領域を通して，早い時期での言語や語彙の拡大に焦点を当てた事例を示したという。

2．2021EYFS における領域と乳幼児期学修目標

2021EYFS に示された「学修と発達の領域」と「乳幼児期学修目標 (Early Learning Goal，以下 ELG)」は，表 8.2 の通りである。「領域」とは，すべての保育施設での子どもの活動と経験を形づくるものであり，ELG とは，子どもが 5 歳になる学年の最後に備えているべき知識やスキル，理解であり，保育者がそれに向けて子どもを支援するものである。主な改訂点としては，「身体の発達」における ELG から「健康 (health)」がなくなり，「読み書き」の ELG に「理解する」が追加され，「世界についての理解」の ELG に「過去と現在」が加わり，かつてあった「技術 (Technology)」がなくなったこと，などがあげられる。

それでは ELG は具体的にどのように記述されているのだろうか。ここでは「読み書き」と「数学」領域に注目したい。その記述は表 8.3 の通りである。表 8.3

表 8.2　2021EYFS における学修と発達領域と乳幼児期学修目標

領域（area）		乳幼児期学修目標（ELG）
主要領域	コミュニケーション・言語	聞く，気づく，わかる 話す
	人格・社会性・情緒の発達	自己規制 自己管理 関係を築く
	身体の発達	総合的な運動スキル（新設） 細かい運動スキル（新設）
個別領域	読み書き	理解する（新設） ことばを読む 書く
	数学	数 数字のパターン
	世界についての理解	過去と現在（新設） 人々，文化，コミュニティ 自然世界
	表現芸術とデザイン	素材を使ってつくりだす 想像的で表現豊かになる

が示すのは，詳細で到達水準が明確に示された目標群である。2021EYFS は，2008 年版よりは内容が精選されたとはいえ，ELG については，依然として就学準備的な特徴を備えているということができよう。

　なお EYFS に基づき子ども一人ひとりについて作成する評価（EYFS Profile）の方法について示すハンドブックでは，保育者は自らの専門的判断に基づき，それぞれの子どもの発達に対し，17 の ELG に照らして「期待通り（expexted）」または「芽生えつつある（emerging）」のいずかで判断するよう示している。2008EYFS が 9 レベルでの判断を要求したことと比べると，そのレベル付けは大幅に削減されたことがみてとれる。

3．2021 年版『発達を大切に（Development matters）』の特徴

　他方で 2021 年の EYFS 改訂には，固定的な発達観を脱却しようとする動きもみられる。EYFS の改訂に伴い，非法定のカリキュラムガイダンスである『発達

表8.3　2021EYFS における ELG の詳細（「読み書き」「数学」領域）

【読み書き】 ELG：理解する 期待される発達レベルにある子どもたちは， ・自分自身のことばや最近紹介された語彙を使ってお話や物語を再現することによって，読んでもらったことについての理解を示す ・お話の中の重要なできごとを，適切な場所で期待する ・お話，ノン・フィクション，詩についての話し合いや，ごっこ遊びの中で，最近紹介された語彙を使ったり理解を示したりする ELG：単語を読む 期待される発達レベルにある子どもたちは， ・アルファベットの文字や少なくとも 10 の二重音字についての音声を発する ・音声を混ぜることによって，発音上の知識に合わせて単語を読む ・いくつかのよくある例外的単語を含め，発音上の知識に合わせて単純な文章や本を音読する ELG：書く 期待される発達レベルにある子どもたちは， ・認識可能な文字を書き，そのほとんどが正しく形づくられている ・単語の音声を認識し，また文字が示す音を再現することによって単語をつづる ・他の人が読めるような単純なフレーズや文章を書く
【数学】 ELG：数 期待される発達レベルにある子どもたちは， ・10 までの数について，その構図を含め，深く理解する ・5 までの数を即座に認知する（数えることなく量を認識する） ・（引き算を含む）5 までのナンバーボンド* と，ダブルファクト** を含む 10 までのナンバーボンドのいくつかを，（韻を踏んだり数えたりといった助け無しに）自然に思いつく ELG：数字のパターン 期待される発達レベルにある子どもたちは， ・20 以上まで口頭で数え，数え方のパターンについて理解する ・違う状況で 10 までの量を比べ，どのような時に一方が他方の量よりも多かったり少なかったり同じだったりするかを認識する ・偶数と奇数，ダブルファクト**，量はどのように等しく配分されるのかを含めて，10 までの数の中のパターンを探り表現する

注：＊足すと特定の数になる数字のペア。＊＊同じ数字同士を足すこと。

を大切に（Development Matters）』も 2021 年に改訂された。その改訂作業のリーダーを務めたのが，グルニエ（Grenier, J.）である。

　グルニエ（2022）は，2021 年の改訂の理由について，①さらにコミュニケーションを重視し，②人生により公平な機会を保障すべく平等を柱とし，③保育者の業

務量を削減したい，という趣旨があったと指摘する。そして主な変更点としては，①文章を短く読みやすくすること，②発達のレベルを評価することよりもカリキュラムそのものに焦点を当てること，③保育者自身の専門家としての判断を重視すること，があるという。とりわけ強調されているのは，「順調な進歩 (on track)」といった表現をやめること，子どもをレベルづけするのをやめることである。

　この『発達を大切に』改訂については，2012年版の『発達を大切に』の著者であった Early Education（イギリスにおける就学前教育団体・研究者の組織）が，「2012年に発行された同じタイトルの出版物とは大幅に変更されている (substantially changed)」と紹介している（Early Education HP より）。

　2021版『発達を大切に』は，2012年版と比較すると，子どもの発達を6区分（誕生から11か月程度，8～20か月程度，16～26か月程度，22～36か月程度，30～50か月程度，40～60か月以上）から3区分（誕生から3歳，3・4歳，レセプションの子ども）[6]に変更しており[7]，子どもの発達のとらえかたが大まかになっていることがわかる。

第3節　社会的に構築される「子ども期」

1．発達主義の問い直し？

　第2節で確認した EYFS の改訂からは，依然として具体的な到達目標が示されると同時に，子どもを一定の発達段階でカテゴライズするような子ども観を見直そうとする動きもあることがわかった。その改訂の背景には，近年の乳幼児教育において注目を集めるイタリアのレッジョエミリア市における実践のインパクトが見てとれる。レッジョエミリア市における実践とは，民主主義や芸術性を重視する，イタリアで始まりスウェーデンなどを中心に世界各地に広がった幼児教育のムーヴメントである。

　レッジョエミリアのインパクトを受け発刊された，スウェーデン，カナダ，そして本章がとりあげるイギリスの研究者による共著である『「保育の質」を超えて：「評価」のオルタナティブを探る』（ダールベリほか，2013＝2022）が批判的に検討

しているのが，まさにイギリスやアメリカで発展し乳幼児教育の基盤としてきた発達心理学がもたらした，画一的な子ども像であった。レッジョエミリアによるインパクトは，ヘックマン（Heckman, J.）に代表される，近年の人的資本論の見地からの就学前教育の再評価（準備期としての子ども期の強調）に対する，明確なオルタナティブとして位置づけられている。

2021EYFS改訂の動向からは，エビデンスを重視する実証主義の立場から従来型の発達主義的子ども観をふまえつつも，「すでに十分に豊かな子ども」という子ども観を採り入れようとする動向がみてとれる。

2．結　語

以上のイギリスの動向から，日本の就学前教育のありかたへの示唆を問えば，以下の2点があげられる。

第一に，子どもを，事前に想定された特定の発達カテゴリーにあてはめて「理解」しようとするその方法の是非である。日本の乳幼児教育における公的な指針である保育所保育指針・幼稚園教育要領では，イギリスのような到達目標は示されていない。とはいえ日本の保育実践は，「年齢主義」を基準とするという特徴がある。年齢主義・月齢主義については，かつて日本の保育所保育指針解説書において，子どもの姿を「おおむね○歳」と記していたのが，2018年版からその記述がなくなったという経緯があった。異年齢保育を新たに導入する園もあり，日本においても年齢主義・月齢主義の問い直しは課題となっている。

第二に，教育目標をどのように設定するべきかという課題がある。とりわけ日本においては，イギリスのように，子ども一人ひとりに対する共通の観点からの詳細な評価の仕組みがないためか，公的な指針と各保育施設の方針に基づいた実践との乖離が大きい。例えば「読み書き」について，要領・指針では文字や記号に「興味や関心をもつ」とあるが，実際には園によって，ドリルを活用した識字教育は頻繁に行われている（石黒，2019）。

イギリス教育省は今期の改訂について，「乳幼児期学修目標はカリキュラムとして使われるべきではない」（DfEHP，2021）と強調している。イギリスのEYFS

改訂において，学修活動のプロセスを重視する姿勢からは，到達目標を重視した結果主義とのバランスをとろうとする意図がみてとれる。それは，目標を達成することに向けて日頃の活動が制限される状況に警鐘を鳴らすものであるが，こうした姿勢は，現在日本でも進められているような目標準拠型のカリキュラムマネジメント（PDCA サイクル）のあり方に，一石を投じるものかもしれない。

　以上，イギリスの EYFS 改訂の動向からは，イギリスの伝統といえる，数量化されたあるいは具体的なエビデンスへの希求と，その是非を問い直そうとする包括的な教育方法への希求との間のせめぎ合いが見てとれた。それはまた，就学前の子ども期について，後の人生への準備ととらえるか，今それ自体を大切にするかという，就学前教育全般に関わる間について考える手がかりになる。5歳という，世界的にも早い年齢で義務教育を始めるイギリスにおいて，乳幼児教育で就学準備が強調されるのは，それだけそもそもの社会状況が階級格差と多文化化を内包しており，それらの課題に教育を通して取り組むべきという政策的意図の表れともいえる。それを踏まえれば，日本における「早期教育」に対する警戒は，子どもにとって負担の大きい詰込み教育への忌避という配慮によるものだろうが，かといって，「教えない」ことは，格差につながる可能性もあるという視点を得ることができる。

　イギリスの就学前カリキュラム改訂の事例は，子ども期をどのようにとらえるべきかという課題についてあらためて考えるきっかけを提供してくれる。「子ども期」は，子どもや大人に対する期待を背景に，社会的に構築される。大人になってからのウェルビーングはもちろん，かけがえのない子ども期自体のウェルビーングを大切にすることも考えていきたい。

【付記】
　本章は，平成 24 年度文部科学省委託「幼児教育の改善・充実調査研究」『諸外国の幼児教育施設の教育内容・評価の現状や動向に関する調査および幼児教育の質保証に関する国際比較研究』，JSPS 科研費 JP25381100，JP26301039 の成果の一部であり，石黒（2004〜2019）を再構成し大幅に加筆修正したものである。

【注】
1）本章でいう英国とは，イングラントとウェールズを指す。
2）到達目標（達成目標）に対し，心情や意欲の方向性を示す方向目標がある。
3）聞き取り内容は拙訳。
4）2018年に行われた，子ども（5歳児），保護者，保育者対象の国際比較調査で，イギリスもこれに参加したが，就学前の子どもに対しタブレットを用いて「能力の芽生え」を測定する方法が批判された。
5）OECDが行う生徒の学習到達度調査（Programme for International Student Assessment，通称PISA）。義務教育を終えた15歳を対象とする国際比較調査である。
6）イギリスの義務教育年齢は5歳からであり，初等学校に入学する前の1年間は，学校内に設置されたレセプションクラスに通うことが一般的である。
7）ただし「誕生から3歳」の区分では，月齢ごとに観察のチェックポイントが示されている。

【引用・参考文献】
Dahlberg, G., Moss, P., Pence, A. 2013 *Beyond Quality in Early Childhood Education and Care: Languages of evaluation,* Routledge.（＝浅井幸子監訳 2022『「保育の質」を超えて：「評価」のオルタナティブを探る』ミネルヴァ書房）

Department for Children, Schools and families 2008 *Statutory Framework for the Early Years Foundation Stage: Setting the standards for learning, development and care for children from birth to five.*

Department for Education 2012, 2014, 2017, 2021 *Statutory Framework for the Early Years Foundation Stage: Setting the standards for learning, development and care for children from birth to five.*

Department for Education 2021 'Guidance Changes to the early years foundation stage (EYFS) framework'. https://www.gov.uk/government/publications/changes-to-the-early-years-foundation-stage-eyfs-framework/changes-to-the-early-years-foundation-stage-eyfs-framework（閲覧日：2023年5月8日）

Department for Education 2022 *Early Years Foundation Stage profile 2023 handbook.* https://assets.publishing.service.gov.uk/government/uploads/system/uploads/attachment_data/file/1109972/Early_Years_Foundation_Stage_profile_2023_handbook.pdf（閲覧日：2023年5月8日）

Early Education 2012 *Development Matters in the Early Years Foundation Stage (EYFS).*

藤井穂高　2014　「イギリスにおける5歳児就学の課題」『教育学研究』81（4），484-495頁

Grenier, J. 2022 'Changes to early childhood education in multicultural England'

（＝2022 楠瑞希子訳「多文化社会イギリスにおける幼児教育の変革」聖徳大学児童研究所主催公開講演会「イギリスにおける幼児教育の最前線」2022 年 3 月 23 日配布資料）

Heckman, J. 2006 'Skill Formation and the Economics of Investing in Disadvantaged Children', *Science*, 312, pp.1900-1902.

石黒万里子　2004　「ブレア新労働党政権の家族・教育政策 -- 就学前児童の「ケア」と「教育」の統合を手がかりに」『日英教育研究フォーラム』(8)，57-67 頁

石黒万里子　2013　「イギリス」『諸外国の幼児教育施設の教育内容・評価の現状や動向に関する調査および幼児教育の質保証に関する国際比較研究』(平成 24 年度文部科学省委託「幼児教育の改善・充実調査研究」) 91-103 頁

石黒万里子　2014　「「初等教育との接続」にかかわって：「就学準備」／「就学準備不足の防止」を手がかりに (第 22 回大会報告 2013 年大会シンポジウム　就学前の子どもに対する政策について)」『日英教育研究フォーラム』(18)，15-20 頁

石黒万里子　2016　「英国の就学前教育におけるヘルスプロモーションの展開―EYFS 改訂の動向を手がかりに」第 25 回日英教育学会年次大会配布資料

石黒万里子　2017　「英国における乳幼児期の教育とケア (ECEC) の転型論―OECD報告書『人生の始まりこそ力強く (Starting Strong)』を手がかりに」『日英教育研究フォーラム』(21)，71-84 頁

石黒万里子　2019　「幼児教育における近代性と「子どもらしさ」―リテラシー (読み書き) と評価をめぐる試論―」『子ども社会学研究』(25)，25-47 頁

一見真理子　2016　「OECD の保育 (ECEC) 政策へのインパクト」日本保育学会編『保育学講座 2 保育を支えるしくみ　制度と行政』東京大学出版会，119-144 頁

泉千勢　2008　「世界の幼児教育・保育に何が起こっているのか？」泉千勢・一見真理子・汐見稔幸編『世界の幼児教育・保育改革と学力』明石書店，12-28 頁

日英教育学会編　2017　『英国の教育』東信堂

OECD 2001 *Starting Strong: Early Childhood Education and Care*, OECD Publishing.

OECD 2006 *Starting Strong II: Early Childhood Education and Care*, OECD Publishing. (＝2011，星三和子・首藤美香子・大和洋子・一見真理子訳『OECD 保育白書：人生の始まりこそ力強く：乳幼児期の教育とケア (ECEC) の国際比較』明石書店)

Pence, A. 2016 'Baby PISA: Dangers that can Arise when Foundations Shift', *Journal of Children Studies*, 41 (3), pp.54-58.

Qualifications and Curriculum Authority 2008 *Early years foundation stage Profile Handbook*, https://dera.ioe.ac.uk/id/eprint/8221/13/Early_FS_Handbook_v11_WO_LR_Redacted.pdf (閲覧日：2023 年 9 月 13 日)

School Curriculum and Assessment Authority, Department for Education and

Employment 1996 *Nursery Education: Desirable Outcomes for Children's Learning on Entering Compulsory Education*, https://files.eric.ed.gov/fulltext/ ED433091.pdf（閲覧日：2023 年 9 月 13 日）

Standards & Testing Agency 2012 *2013 Early Years Foundation Stage Profile Handbook*, https://education-uk.org/documents/pdfs/2013-eyfs-profile-handbook.pdf（閲覧日：2023 年 9 月 13 日）

The Institute of Education 2004 *The Effective Provision of Pre-School Education (EPPE) Project: Final Report a Longitudinal Study Funded by the DfES 1997 ～2003*, https://www.ucl.ac.uk/ioe/sites/ioe/files/Ratios_in_Pre-School_ Settings_DfEE.pdf（閲覧日：2023 年 9 月 13 日）

Tickell, C. 2011 *The Early Years: Foundations for life, health and learning: An Independent Report on the Early Years Foundation Stage to Her Majesty's Government*, https://assets.publishing.service.gov.uk/government/uploads/system/ uploads/attachment_data/file/180919/DFE-00177-2011.pdf（閲覧日：2023 年 9 月 13 日）

埋橋玲子　2008　「人的資源のクオリティ・コントロール：実用主義と思考の最先端」 泉千勢・一見真理子・汐見稔幸編『世界の幼児教育・保育改革と学力』明石書店，109-129 頁

山田敏　2007　『イギリス就学前教育・保育の研究―連合王国の詳細な実態及び現在進行中の諸改革の実態の考察』風間書房

【参考 URL】

https://early-education.org.uk/early-years-foundation-stage-framework/（Early Education HP）（閲覧日：2023 年 3 月 23 日）

http://www.cam.ac.uk/research/discussion/school-starting-age-the-evidence（ケンブリッジ大学 HP）（閲覧日：2023 年 5 月 8 日）

https://www.gov.uk/government/organisations/department-for-education（英国教育省 HP）（閲覧日：2023 年 5 月 8 日）

＜・・・●推薦図書●・・・・・・・・・・・・・・・・・・・・・・・・・・・・・・・・・・・・

ブレイディみかこ　2017　『子どもたちの階級闘争―ブロークン・ブリテンの無料託児所から』みすず書房

イギリスで保育者として働いた経験をまとめた日本人によるエッセイ。イギリス国内の強固で複雑な社会的格差や困難な状況に胸が痛くなるが，そこで生きる子どもと大人のたくましさ，そしてユーモアあふれる著者の文章に励まされる。

「子どもも大人と同じ社会の一員である」と，わざわざ大げさに指摘しなくても，すべての子どもはすでに当たり前にその社会のかけがえのないメンバーとして生きていると痛感する。

●読者へのメッセージ●
高校までとは違う，大学生としての学びを大いに満喫してください。

執筆者紹介
(執筆順)

塙　和明（まえがき）
筑波大学人間学類卒業，同大学院博士課程心身障害学研究科単位修得済中途退学（教育学修士）。
東京成徳短期大学専任講師，東京成徳大学人文学部助教授を経て，同大学子ども学部教授。
2023年度より子ども学部長。
主著：『心身障害学（看護・医療・保育・福祉に関わる人のための）』文化書房博文社（共編著，
　　　2002），『障害児保育』学芸図書（共編著，2002），『気になる子どもの保育』文化書房博
　　　文社（共編著，2011）

永井　聖二（序章）
筑波大学博士課程教育学研究科退学。筑波大学教育学系助手，群馬大学教育学部教授，群馬県
立女子大学文学部教授を経て，東京成徳大学子ども学部教授（2023年3月まで）。
主著：「教師専門職論再考」『教育社会学研究』第43集（1988），『開かれた学校と学習の体験
　　　化』教育開発研究所（共編著，1992），『消費社会と子どもの文化』学文社（共編著，
　　　2010），『幼児教育の世界』学文社（共編著，2011），『教育学入門』放送大学教育振興会
　　　（共編著，2015）

富山　尚子（第1章）
お茶の水女子大学大学院人間文化研究科人間発達学専攻学位取得修了（人文科学博士）。お茶の
水女子大学大学院人間文化研究科助手，東京成徳大学子ども学部子ども学科専任講師・准教授
を経て，現在，東京成徳大学子ども学部教授。
主著：『子どもの認知発達』新曜社（共訳，2003），『認知と感情の関連性―気分の効果と調整過
　　　程』風間書房（2004），『子どもと環境―子どもの感性をひらく保育者のかかわり』光生館
　　　（分担執筆，2022）

那須野　三津子（第2章）
筑波大学大学院教育研究科障害児教育専攻修了。修士（教育学）。筑波大学大学院人間総合科学
研究科心身障害学専攻修了。博士（心身障害学）。シンガポール日本人学校教諭，日本学術振興
会特別研究員などを経て，現在，東京成徳大学子ども学部教授。
主著：「海外日本人学校に対する障害児教育担当教員派遣の実現要因―1979～2002年度の教員
　　　派遣制度を通して」『特殊教育学研究』49巻3号（2011），「A New Perspective of Spe-
　　　cial Education for Overseas Japanese Students with Special Educational Needs:
　　　Three Overseas Schools in Singapore」『特殊教育学研究』38巻6号（共著，2001）

朝比奈　朋子（第3章）
淑徳大学大学院社会学研究科社会福祉学専攻博士後期課程単位取得後退学。修士（社会福祉学）。
医療ソーシャルワーカー，福祉事務所就労支援員を経て，川村学園女子大学社会教育学科講師，
同准教授，東京成徳大学応用心理学部准教授を経て，現在，東京成徳大学子ども学部准教授。
主著：『日本におけるホームレスの実態』学文社（分担執筆，2005），『低所得者への支援と生活
　　　保護制度』みらい（分担執筆，2009），「家賃滞納世帯の生活困窮―生活困窮者自立相談支
　　　援事業相談者の事例から」『東京成徳大学子ども学部紀要』第13号（共著，2023）

杉野　緑（第3章）

日本女子大学大学院文学研究科社会福祉学専攻修了。修士（社会学）。聖隷クリストファー大学大学院保健科学研究科社会福祉学専攻修了，博士（社会福祉学）。岐阜県立看護大学助教授，同教授を経て，現在，岐阜県立看護大学名誉教授。

主著：『日本におけるホームレスの実態』学文社（分担執筆，2005），『社会福祉・社会保障入門』
　　　みらい（2017），「オランダの住宅保障における社会住宅の役割」『岐阜県立看護大学紀要』
　　　20巻1号（2020）

長野　麻子（第4章）

東京藝術大学音楽学部楽理科卒業，同大学大学院音楽研究科博士後期課程修了。博士（音楽学）。大学院在学中にベルリン工科大学音楽学研究所に留学。現在，東京成徳大学子ども学部教授。

主著：『すっすっはっはっ　こ・きゅ・う』童心社（長野ヒデ子絵，2011），『子どもの育ちと保育』
　　　金子書房（分担執筆，2015），『まんまん　ぱっ！』童心社（長野ヒデ子絵，2016），『でき
　　　た！　うれしい！　子どものうた～3つのポイントで上手くなる』カワイ出版（共編著，
　　　2023）

藤田　寿伸（第5章）

多摩美術大学美術学部卒。イタリア・ドムスアカデミーマスターコース修了。東京学芸大学大学院連合学校教育学研究科博士課程修了。博士（教育学）。工業デザイナー，幼稚園教諭，小学校専科専任講師（図画工作科），鶴川女子短期大学講師などを経て，現在，東京成徳大学子ども学部准教授。専門は保育と造形表現，イタリアの創造的な教育研究

主著：『感じることからはじまる子どもの造形表現』教育情報出版（分担執筆，2023）

近藤　清華（第6章）〔編者〕

千葉大学大学院教育学研究科家政教育専攻修了。修士（教育学）。中学・高等学校家庭科教員，大学助手，専門学校教諭，川口短期大学こども学科専任講師，准教授を経て，現在，東京成徳大学子ども学部准教授。

主著：『家庭科教育における意思決定能力』家政教育社（共著，2009），「大学における家庭科教
　　　員養成カリキュラムの縦断的研究―高等学校家庭科教員の教科内容・指導の認識・実態
　　　の比較から」『日本家庭科教育学会誌』62巻4号（2020）

青木　研作（第7章）〔編者〕

早稲田大学大学院教育学研究科博士後期課程単位取得後退学。修士（教育学）。早稲田大学教育学部助手，西九州大学健康福祉学部講師，同大学子ども学部准教授，東京成徳大学子ども学部准教授を経て，現在，東京成徳大学子ども学部教授。

主著：「イギリス連立政権下のアカデミー政策―学校の自律化が与える地方教育行政への影響に
　　　着目して」『日英教育研究フォーラム』19号（2015），『英国の教育』東信堂（分担執筆，
　　　2017），『改訂版　保育者・教師のフロンティア』晃洋書房（分担執筆，2023）

石黒　万里子（第8章）〔編者〕

早稲田大学大学院教育学研究科博士後期課程修了。博士（教育学）。中村学園大学人間発達学部講師，東京成徳大学子ども学部准教授を経て，現在，東京成徳大学子ども学部教授。

主著：『想像力を拓く教育社会学』東洋館出版社（分担執筆，2019），「幼児教育における近代性
　　　と「子どもらしさ」―リテラシー（読み書き）と評価をめぐる試論」『子ども社会研究』
　　　25号（2019），『幼児教育』ミネルヴァ書房（分担執筆，2020）

〈子ども学〉論集

2023年11月10日　第1版第1刷発行

編著者　石　黒　万里子
　　　　青　木　研　作
　　　　近　藤　清　華

発行者　田中　千津子

発行所　株式会社 学文社

〒153-0064　東京都目黒区下目黒3-6-1
電話　03（3715）1501 ㈹
FAX　03（3715）2012
https://www.gakubunsha.com

©M. Ishiguro, K. Aoki, S. Kondo 2023　Printed in Japan　印刷　新灯印刷㈱
乱丁・落丁の場合は本社でお取替えします。
定価はカバーに表示。

ISBN978-4-7620-3279-0